조지와
풀 수 없는
암호 ①

BOOK 4: GEORGE AND THE UNBREAKABLE CODE
by Lucy and Stephen Hawking
Copyright © Lucy & Stephen Hawking, 2014.

Illustrations by Garry Parsons
First published as 'George and the Unbreakable Code' by Random House Children's Publishers UK,
a division of The Random House Group Ltd.
All rights reserved.

Korean translation copyright ⓒ 2018 by RH Korea Co., Ltd.
Korean translation rights arranged with Penguin Books Ltd.,
through EYA(Eric Yang Agency).

이 책의 한국어판 저작권은 EYA(Eric Yang Agency)를 통해
Penguin Books Ltd.사와 독점 계약한 (주)알에이치코리아에 있습니다.

저작권법에 의하여 한국 내에서 보호를 받는 저작물이므로 무단 전재와 복제를 금합니다.

스티븐 호킹의 우주 과학 동화

조지와
풀 수 없는
암호 1

루시 & 스티븐 호킹 지음 · 고정아 옮김

주니어 RHK

# 등장인물 소개

조지 그린비 호기심 많고 영리한 소년. 어느 날 애완 돼지 프레디가 울타리를 뚫고 도망치는 바람에 괴상한 이웃 에릭과 그의 딸 애니, 슈퍼컴퓨터 코스모스를 만나게 되고, 그들과의 모험을 통해 과학의 중요성을 깨닫는다. 첨단 제품이 가득한 집에서 교수 아버지와 전문 직업인 어머니와 사는 애니를 부러워한다. 어른이 되면 사람이 아닌 로봇과 함께 살고 싶어 한다.

테렌스와 데이지 조지의 아빠와 엄마. 조지에게 안전하고 건강한 환경을 만들어 주기 위해 모든 옷을 손으로 빨고 직접 재배한 농작물로만 음식을 만들어 먹는 열혈 생태 환경 운동가. 쌍둥이들의 육아로 정신없는 하루하루를 보낸다.

헤라와 주노 조지의 쌍둥이 여동생들. 쌍둥이가 태어난 뒤로 조지네 집은 그야말로 전쟁 통이다. 말썽도 많이 부리지만, 조지에게 끈끈한 포옹과 질척한 뽀뽀를 퍼붓는 사랑스러운 아이들이다.

애니 다방면에 관심이 많은 조지네 옆집 소녀. 최근에는 아이돌 그룹 언디텍션에 빠져 있다. 아이큐가 152로 머리가 좋지만, 맞춤법은 자주 틀린다. 웬일인지 학교 중간 방학 숙제에 열심이다.

에릭 애니의 아빠. 슈퍼컴퓨터 코스모스를 만든 천재 과학자이지만 착한 성품 때문에 함정에 곧잘 빠진다. 과학에 대한 열정과 학식이 대단하며 과학 이외의 것들에는 무신경한 편이다. 양자 오류 탐지를 연구하던 도중 전 세계에 사이버 테러가 일어나자 대책 회의를 하기 위해 떠난다.

 **수잔** 애니의 엄마. 음악 선생님이었지만, 애니가 조금 크자 본래 직업인 전문 연주가로 돌아갔다. 오케스트라와 함께 연주 여행을 자주 다닌다.

코스모스 우주의 문을 열어 주는 세상에서 가장 뛰어난 컴퓨터. 가끔 잘난 체가 심해서 얄미울 때도 있지만 정의와 의리를 지키는 소중한 친구다. 최근 감기에 걸린 뒤 어딘가 이상해 보인다.

 **베릴 와일드** 에릭과 친한 수학자이자 암호 해독가. 제2차 세계 대전 당시에 에니그마 암호를 해독하여 수많은 목숨을 구했다.

이봇 에릭을 모델로 만든 안드로이드 로봇. 에릭과 겉모습은 물론 지문 같은 생체 특징이 같아서 어떤 기계들은 둘을 잘 구별하지 못한다. 원격 조종 안경과 촉각 장갑으로 이봇을 제어할 수 있다.

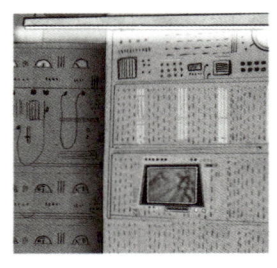 **구형 코스모스** 최초의 슈퍼컴퓨터. 폭스브리지 대학 수학과 건물 지하실에 있으며 크기가 거대하다. 작년 주주빈 교수가 사악한 계획을 품고 과거로 돌아가는 데 구형 코스모스를 사용하려 했었다.

알리오스 메라크 자신을 신이라고 생각하며 세계를 구원하고 있다고 믿는 인물. 위아래가 붙은 우스꽝스러운 놀이복을 입고 있다. 양자 컴퓨터를 이용해 전 세계 컴퓨터를 해킹하여 암호를 풀고 세상을 혼란 속에 빠뜨렸다.

 **차례**

등장인물 소개 … 4

1장 … 11   5장 … 82

2장 … 23   6장 … 105

3장 … 44   7장 … 130

4장 … 52   8장 … 155

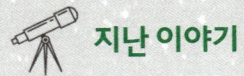 **지난 이야기**

조지와 빅뱅
_ 우주 탄생 순간의 비밀을 밝히는 조지의 활약!

과학자들과 함께 빅뱅의 비밀을 밝히기 위한 위대한 실험을 준비 중이던 에릭에게 대학 시절 지도 교수였던 주주빈이 찾아온다. 주주빈은 에릭이 코스모스를 이용해 조지와 함께 달에 갔던 사실을 문제 삼고, 에릭에게 과학 탐구단 비상 회의에 참석할 것을 명령한다. 거대 강입자 충돌기에서 열리는 이 회의에서 에릭이 코스모스를 맡아도 좋을지에 대해 결정한다는 것이다.
한편, 에릭이 떠난 뒤 조지는 리퍼의 쪽지를 받고 우주의 한 소행성으로 간다. 리퍼는 과학의 발전을 막으려는 비밀 조직 토래그의 요청으로 양자 역학 폭탄을 만들었으며, 그 폭탄이 에릭이 있는 곳에 설치되어 있다는 이야기를 전한다. 폭탄을 제거하기 위해 조지와 애니는 거대 강입자 충돌기로 가려 하지만, 에릭을 시기해 없애고 싶어 하는 주주빈 교수의 함정에 빠지는데······.
과연 조지와 애니는 모든 걸 파괴하려고 하는 어두운 세력을 막고, 에릭을 구하는 동시에 인류의 과학적 성과를 지켜낼 수 있을까?

1장

만약 다른 행성이었다면, 나무 집은 별을 관찰하기에 아주 이상적이었을 것이다. 예를 들어 부모님이 없는 행성이었다면 더할 나위 없이 완벽했을 것이다. 마당의 채소밭에 우뚝 선 키 큰 사과나무 위에 지은 이 집은 높이, 위치, 각도 모두 조지 같은 소년이 밤새도록 별을 관찰하는 데 딱 맞았다. 하지만 엄마와 아빠는 그런 것보다는 집안일, 숙제, 방에서 자는 것, 저녁을 먹는 것, 또는 쌍둥이 여동생과 '함께 하는 일' 따위를 더 중요하게 여겼는데, 조지는 그 어떤 것에도 관심이 없었다.

조지가 원하는 건 그저 토성의 사진을 찍는 것뿐이었다. 토성은 조지가 가장 좋아하는 행성이었다. 얼어붙은 가스로 이루어지고, 아름답고 차가운 먼지 고리들을 두른 그 거대한 행성의 사진 한 장만 찍을 수 있다면! 하지만 요사이 해가 아주 늦게 져서 토성은 자정 무렵에야 하늘에 나타났다. 조지의 취침 시간은 그 한참 전이었

고, 부모님이 그 시간까지 조지가 나무 집에 있도록 허락해 줄 가능성은 전혀 없었다.

  조지는 나무 집 바닥판 너머로 다리를 늘어뜨리고 앉아서 한숨을 쉬었다. 그리고 앞으로 얼마나 더 시간이 지나야 자유를 얻을 수 있을까 계산을 해 보려고 했다.

"안녕?"

  조지의 생각을 툭 자르며, 누군가 나무 집으로 뛰어 올라왔다. 헐렁한 위장 무늬 반바지에 후드 티셔츠를 입고, 머리에는 야구 모자를 쓰고 있었다.

"애니?"

조지는 금세 기분이 좋아졌다.

2년 전 부모님과 함께 폭스브리지로 이사 온 애니는 조지의 가장 친한 친구다. 조지와 애니가 친구가 된 건 서로 옆집에 살기 때문만은 아니었다. 조지는 그냥 애니가 좋았다. 과학자 아버지를 둔 애니는 재미있고 똑똑하고 거침없고 용감했다. 애니는 거칠 것이 없었다. 어떤 모험도 피하지 않았고, 모든 이론을 다 시험해 보았으며, 모든 고정 관념에 의문을 품었다.

"뭐 하고 있어?"

애니가 물었다.

"아무것도 안 해. 그냥 기다리고 있어."

조지가 대답했다.

"뭘 기다려?"

"무슨 일이 일어나기를."

조지의 목소리에 기운이 없었다.

"나도 그래. 우리가 우주여행을 금지당해서 우주가 우리를 잊어버린 건 아닐까?"

애니가 말했다.

"우리가 다시 우주로 나갈 수 있을까?"

조지가 한숨을 쉬며 물었다.

"지금은 안 돼. 어쩌면 우린 이미 충분히 놀았는지도 몰라. 우리도 이제 중학생이잖아. 이제는 진지해져야 해."

애니가 대답했다.

조지가 일어서자 발밑의 널빤지가 살짝 흔들렸다. 조지는 이 나무 집이 안전하다고, 자신들이 단단한 땅바닥으로 떨어질 위험은 거의 없을 거라고 믿었다. 조지는 아빠 테렌스와 함께 동네 쓰레기장에서 잡동사니를 주워다가 이 집을 만들었다. 그들이 지금 조지와 애니가 앉아 있는 '집' 부분을 만들 때 아빠가 널빤지의 썩은 부분을 밟아서 발이 빠진 적이 있다. 다행히 몸 전체가 빠지지는 않았지만, 조지는 아빠를 다시 끌어 올리느라 얼마나 고생을 했는지 모른다. 그러는 동안 밑에서는 쌍둥이 여동생 주노와 헤라가 깍깍거리며 웃었다.

그 작은 사고가 좋았던 점은 나무 집이 상당히 위험하다고 생각한 아빠가 꼬마 여동생들이 밧줄 사다리를 타고 여기로 올라오는 일을 금지했다는 점이다. 조지는 아주 기뻤다. 이후 나무 집은 시끄러운 집을 벗어나 혼자 조용히 지낼 수 있는 조지만의 왕국이 되었다. 부모님은 나무 집에 가면 모험심 가득한 어린 공주님들이 사랑하는 오빠를 만나러 가지 못하도록 밧줄 사다리를 꼭 거두어 두라고 엄격하게 지시했다. 조지도 각별히 조심해서 나무 집에 올라오면 잊지 않고 사다리를 걷어 올려 두었다.

"야!"

조지는 애니가 이렇게 불쑥 나타나는 일이 불가능하다는 것을 깨닫고 물었다.

"너 여기 어떻게 올라왔어?"

애니가 싱긋 웃더니 연극 톤의 목소리로 말했다.

"내가 어렸을 때 거미한테 물려서 특별한 능력을 갖게 되었거든. 그 사실을 지금에야 깨달았어."

조지가 가장 두꺼운 나뭇가지에 걸린 매듭 있는 밧줄을 가리키며 물었다.

"저거 네가 만든 거야?"

애니가 평소의 목소리로 돌아와서 대답했다.

"응. 내가 할 수 있는지 시험해 보고 싶었어."

"왔다고 말하면 사다리를 내려 줬을 텐데."

조지의 말에 애니가 항의했다.

"지난번에 그랬더니 암호를 대라고 백만 번쯤 말했잖아. 그런데도 나는 너한테 킷캣 초콜릿 반쪽까지 주었지."

조지가 따졌다.

"킷캣이라고? 그 '초콜릿'은 네가 실험으로

키운 거잖아!"

조지는 초콜릿을 강조하며 말했다.

"킷캣 포장지로 싸서 내가 속는지 안 속는지 보려고 한 거잖아."

하지만 애니는 물러서지 않았다.

"쥐 등에서 사람 귀도 키우는 세상인데, 내가 킷캣을 키우는 게 뭐가 문제야? 자기 복제해서 증식하는 초콜릿 분자를 분명히 만들 수 있을 거야."

애니는 장래가 촉망되는 실험 화학자였다. 애니가 종종 부엌을 화학 실험실로 만든 통에 애니의 엄마 수잔은 골치를 썩었다. 사과 주스를 꺼내려고 냉장고에 손을 넣었다가 우툴두툴한 단백질 생장체를 만지기 일쑤였다.

조지가 말했다.

"애니, 널 위해 솔직히 말하는데 네가 만든 초콜릿은 맛이 꼭 공룡 발······."

애니가 바로 조지의 말을 잘랐다.

"아냐! 내가 기른 초콜릿은 맛있었어. 무슨 소리를 하는 거니? 그리고 네가 언제 공룡 발을 먹어 봤다고?"

"정확히는 공룡 발톱 같았어. 진짜 별로였어. 수억 년 된 화석 맛이었지."

조지가 말을 마치자, 애니가 차갑게 웃었다.

"하! 대단한 미식가 나셨군."

"미식가가 무슨 뜻인지도 모르면서."

조지가 반격했다.

"알아."

"무슨 뜻인데?"

조지는 이번에는 자신이 이겼다고 확신했다.

애니가 대답했다.

"미식을 하는 사람이지. '미식거리는' 음식을 잘 먹는 사람."

애니가 말하고는 본인도 웃긴지 웃음을 터뜨렸다. 너무 세게 웃다가 빈백 의자에서 떨어질 정도였다.

"바보 멍청이. 그리고 '미식거리는' 게 아니라 '메슥거리다'야."

조지도 웃었다.

"그래도 내 아이큐는 152야."

애니가 바닥에서 몸을 일으키며 말했다. 애니는 지난주 학교에서 아이큐 테스트를 했는데, 주변 사람들이 행여 그 사실을 잊을까 봐 몇 번이나 반복해서 그 이야기를 했다. 그러다 애니가 조지의 물건들을 보았다.

"저게 다 뭐야?"

"미리 준비해 두고 있는 거야."

조지가 장비를 가리키며 말했다. 쌍둥이 여동생을 피해서 나무집에 보관하는 것들이었다. 맨 앞과 맨 뒤쪽에 검은 띠를 두른 흰색 60mm 망원경과 거기 장착해서 사진을 찍으려고 생각 중인 카메라였다. 망원경은 할머니의 선물이었지만, 카메라는 놀랍게도 쓰레기장에서 주운 것이었다.

"어두워지면 토성의 사진을 찍고 싶거든. 엄마랑 아빠가 내가 여기 있게 허락해 준다면 말이야. 내 중간 방학(5월 말~6월 초의 일주일 방학-옮긴이) 숙제야."

"멋진데!"

애니가 실눈을 뜨고 망원경 뷰파인더에 눈을 댔다가 소리를 질렀다.

"으! 여기 끈끈한 게 붙어 있어!"

"뭐라고?"

조지가 소리쳤다.

망원경을 살펴보니 아니나 다를까, 뷰파인더 주변에 끈끈한 분홍색 물질이 붙어 있었다.

"아, 정말!"

조지가 왈칵 화를 내고는 밧줄 사다리를 내려갔다.

애니가 조지를 따라가며 말했다.

"조지, 어디 가? 별거 아니야. 그냥 떼어 버리면 되는데!"

하지만 조지는 얼굴이 벌게져서 집으로 달려갔다. 조지가 부엌에 들어가 보니, 아빠 테렌스가 쌍둥이 여동생 주노와 헤라에게 차를 떠먹이고 있었다.

"아빠를 위해 한 숟가락만 더!"

조지의 아빠가 헤라에게 말하자, 헤라는 입을 벌리고 녹색 액체를 받아 입에 물었다가 아빠에게 퉤 내뱉었다. 그러고는 깔깔거리며 자신이 앉은 어린이 의자 식판을 숟가락으로 두드렸고, 음식이 사방으로 튀었다. 헤라를 흉내 내기 좋아하는 주노도 숟가락을 두드리면서 입으로 뿡뿡 방귀 소리를 냈다.

테렌스가 고개를 돌려 조지를 보았다. 괴로움과 기쁨이 뒤섞인 표정이었다. 수염에서 떨어진 녹색 물이 집에서 만든 셔츠 위로 흘렀다.

조지가 어린 여동생들이 자기 물건을 망쳐 놓은 일에 분노를 쏟아 내려고 숨을 깊이 들이마신 순간, 애니가 조지 옆으로 쑥 비집고 들어오더니 앞으로 나섰다.

"안녕하세요, 아저씨! 안녕, 꼬마 아가씨들!"

쌍둥이들은 식사 시간에 흥미로운 인물들이 나타나자 신이 나

서 숟가락을 두드리며 꼴깍꼴깍 소리를 냈다.
 "조지랑 같이 저희 집에 가서 놀아도 될까요?"
 애니가 말했다. 그리고 헤라의 보드랍고 끈끈한 턱 밑을 간지럼 태웠다. 헤라는 자지러질 듯이 까르륵거렸다.
 "내 망원경은 어쩌고?"
 조지가 뒤에서 낮지만 성난 목소리로 말했다.
 "그것도 해결할 거야."
 애니도 낮은 목소리로 확고하게 조지에게 말했다.
 "여동생들이 있다니 넌 복받은 거야."
 애니가 쌍둥이를 가리키며 말했다.

"나도 저렇게 귀여운 동생들이 있으면 얼마나 좋을까. 나는 외로운 외동이라서……."

애니는 일부러 한껏 슬픈 표정을 지어 보였다.

"흠."

조지는 애니처럼 조용하고 첨단 제품이 가득한 집에서 교수 아버지와 전문 직업인 어머니와 함께 사는 게 훨씬 좋았다. 아기도 없고, 시끄러운 소리도 없고, 유기농 채소도 없고, 늘 어질러져 있지도 않은 집. 물론 애니가 부엌에서 '흥미로운' 실험을 할 때는 예외가 되겠지만.

"어, 그래, 같이 가렴. 하지만 일찍 돌아와서 네가 맡은 집안일을 해야 한다."

테렌스는 자신이 집안일을 통솔하는 것처럼 말했다.

"좋아요!"

애니가 소리치고 조지를 문밖으로 밀었다.

조지는 애니가 이렇게 강하게 나올 때는 가만히 따라야 한다는 걸 알았다. 그래서 애니가 시키는 대로 했지만, 그 일은 별로 어렵지 않았다. 애니의 집에 갈 수 있게 되었는데, 우울한 기분으로 집에 있고 싶지는 않았다.

"안녕히 계세요, 아저씨! 안녕, 아기들! 나중에 봐!"

애니가 소리치고 뛰어나갔다.

"조지야, 맡은 일을 다 해야 칭찬 스티커 판을 다 채울 수 있는 거

알지? 아직 5분의 3이나 남았어!"

테렌스가 조지의 등 뒤에 대고 힘없이 외쳤다.

조지는 곧 사라졌다. 조지는 애니에게 이끌려서 '옆집'이라는 신기한 나라에 갔다. 온갖 첨단 기술, 과학, 전자 제품이 가득한 그 집은 조지의 눈에 환상의 나라 같았다.

2장

 그들은 두 집 사이 울타리의 구멍을 통해 애니의 집으로 갔다. 그 구멍은 조지의 애완 돼지 프레디가 집 뒷마당에서 자유를 찾아 옆집 애니네로 뛰어들었을 때 생겼다. (프레디는 조지의 할머니 마벨이 준 선물이었다.) 그날 조지는 프레디의 발굽 자국을 따라가다가 애니와 애니의 가족을 처음 만났다. 애니의 가족이란 일급 과학자인 아빠 에릭과 음악가인 엄마 수잔, 그리고 슈퍼컴퓨터 코스모스다. 코스모스는 그 성능이 몹시 강력해서 알려진 곳이라면 우주 어디로든 갈 수 있는 문을 열어 준다. (물론 우주복은 입어야 한다.) 그날 이후 조지는 혜성을 타고 태양계도 돌아보았고, 화성 표면도 걸었으며, 어느 먼 태양계에서 사악한 과학자와 겨루기도 했다. 조지의 인생은 이전과는 완전히 달라졌다.

 "조지! 여동생들한테 화내지 마."

 애니가 뛰어가면서 말했다.

조지의 머리에서 여동생들은 이미 사라져 있었다.

"무슨 소리야? 난 아무 말도 안 했는데?"

애니가 말했다.

"내가 말렸으니까 안 한 거지. 나쁜 말을 하려고 했잖아."

조지가 목소리를 높였다.

"화가 난 건 사실이야! 걔들은 내 물건에 손을 대서도 안 되고, 나무 집에 올라가서도 안 돼."

애니는 부러운 목소리로 말했다.

"넌 형제자매가 있는 게 얼마나 좋은 일인지 몰라. 난 아무도 없잖아."

그러자 조지가 소리를 질렀다.

"야, 네가 가진 게 얼마나 많은데! 너는 슈퍼컴퓨터 코스모스도 있고, 개인 과학 실험실 비슷한 것도 있잖아. 엑스박스도 있고, 스마트폰도 있고, 노트북도 있고, 아이팟, 아이패드, 온갖 아이 어쩌고가 다 있어. 로봇 강아지도 있고, 스쿠터도 있고……. 너는 가진 게 아주 많아."

애니가 조용히 말했다.

"그건 진짜 형제자매가 있는 것하고는 달라."

조지는 수긍하지 않았다.

"진짜 동생이 생기면, 그것도 둘이나 생기면 너도 생각이 달라질 거야."

두 친구는 문을 열고 부엌으로 들어갔다.

"이얏호!"

애니가 커다란 냉장고 앞으로 쭉 미끄럼을 타고 가서 손잡이를 잡았다.

애니네 집은 냉장고마저 평범한 냉장고와 달랐다. 실험실에 있을 것 같은 그런 냉장고였다. 크기가 아주 크고,

강철로 만들어졌으며, 서랍들이 큼직큼직한 데다 재료들이 섞이지 않도록 구획이 나뉘어 있었다. 그것은 우주선과 종이비행기의 차이 만큼 일반 냉장고와는 거리가 멀었다. 그건 조지가 애니의 집에서 좋아하는 많은 것들 중 하나였다. 거기에는 에릭이 수십 년 동안 연구를 하면서 사거나 얻거나 선물받은 신기한 장치가 가득했다. 조지는 부러운 눈으로 냉장고를 보았다. 냉장고는 이상한 파란빛을 뿜었다. 아마 조지의 집에서 과학적으로 가장 앞선 물건도 애니네 집 냉장고보다 성능이 떨어질 것이다.

조지가 이런 우울한 생각에 빠져들려고 할 때 거실에서 사람들

말소리가 들렸다.

"애니! 조지!"

애니의 아빠 에릭이 부엌문 안으로 고개를 내밀었다. 얼굴이 환하게 웃고 있었다. 두꺼운 안경을 낀 눈이 반짝였고, 넥타이는 헐렁하게 풀어졌으며 소매는 걷혀 있었다. 에릭은 크리스털 잔 두 개를 들고 들어왔다.

"잔을 채우러 왔어."

에릭이 말하고, 먼지 낀 술병을 집어 들어 뽁 소리를 내며 코르크 마개를 뽑았다. 그리고 잔에 끈적끈적한 갈색 액체를 따라서 다시 거실로 가려고 돌아섰다.

"너희도 손님께 가서 인사드리렴. 그분이 재미있는 이야기를 해 주실지도 모른단다."

그가 웃자 얼굴에 길쭉하게 웃음 주름이 패었다.

조지와 애니는 방금 전에 다툰 일도 잊고 에릭을 따라 거실로 들어갔다. 거실은 바닥에서 천장까지 책으로 꽉 차 있었다. 그리고 에릭이 예전에 쓰던 놋쇠 망원경 같은 흥미로운 물건도 가득했다. 이 집을 지배하는 첨단 과학도 여기서는 약간 누그러든 모습이었다. 이곳은 미래나 과학, 그런 것보다 아늑하고 편안한 분위기였다. 에릭이 학생 때부터 쓰던 푹신한 소파에 나이가 아주 많아 보이는 여자 분이 앉아 있었다.

에릭이 여자 분에게 셰리 주를 건네면서 말했다.

"애니, 조지, 인사드리렴. 베릴 와일드 선생님이시란다."

베릴이 기쁘게 잔을 받고 바로 한 모금을 마셨다.

"만나서 반갑구나!"

"베릴 선생님은 우리 시대 최고의 수학자 중 한 분이시란다."

에릭이 진지하게 말하자, 베릴이 웃음을 터뜨렸다.

"말도 안 되는 소리!"

하지만 에릭은 굽히지 않았다.

"왜요? 선생님의 수학 실력이 수백만 명의 사람들 목숨을 구했잖아요."

"어떤 사람들이요?"

조지가 물었다.

애니가 스마트폰을 꺼내서 위키피디아에 베릴의 이름을 검색하려 했다.

"선생님 성함의 철자가 어떻게 되나요?"

애니가 물었다.

"찾아봐도 없을 거야."

베릴이 애니가 무엇을 하려는지 안다는 듯이 말했다. 연한 파란색 눈동자가 반짝거렸다.

"나는 공직자 비밀 엄수법 때문에 철저하게 신분을 감추고 있거든. 시간이 오래 지나도 마찬가지야. 그래서 내 이름은 아무 데도 안 나오지."

에릭이 소파 앞 테이블 위의 낡은 물건을 가리키며 과장된 목소리로 말했다.

"얘들아, 이걸 보려무나."

그것은 낡은 타자기처럼 생긴 물건이었다.

"이건 에니그마 기계란다. 제2차 세계 대전 때 메시지를 암호화하는 데 사용한 기계 중 한 대지. 암호화한다는 건 누가 중간에 메시지를 가로채도 알아보지 못하게 만드는 거야. 하지만 베릴 선생님 같은 수학자들이 에니그마의 암호를 해독했지. 그러니까 선생님 덕분에 전쟁이 훨씬 일찍 끝났고, 양쪽 모두 많은 사람이 죽음을 피할 수 있었어."

"세상에!"

애니가 휴대 전화에서 고개를 들고 말했다.

"그러니까 선생님이 상대방 몰래 메시지를 읽었다는 거예요? 누군가가 몰래 제 이메일을 몽땅 읽는 것처럼……? 물론 저는 누구랑 전쟁을 하지는 않지만요. 같은 반에 칼라 핀치노즈만 빼고요. 걔는 제가 학교에서 발표 시간에 단어 철자를 틀리니까 다른 아이들 앞에서 저를 웃음거리로 만들었거든요."

베릴이 고개를 끄덕이고 말했다.

"그래, 우리는 저쪽의 메시지를 가로채고 그 내용을 해독해서 그 사람들이 무슨 계획을 하는지 알아냈단다. 그게 우리 쪽에 큰 힘이 되었어."

애니가 감탄했다.

"우아! 멋있어요, 베릴 선생님!"

그리고 다시 스마트폰에 무언가를 입력했다.

"이게 정말로 그 에니그마 기계라고요?"

조지는 감동받은 표정으로 기계를 바라보았다. 애니네 집에 놀라운 장치가 또 하나 늘어났다! 자신이 지금 사는 집 말고 애니네 집에 태어났으면 얼마나 좋았을까.

베릴이 조지를 향해 미소를 지으며 말했다.

"그래, 맞아. 내가 에릭에게 선물로 주려고 가져온 거야."

그러자 에릭이 입을 딱 벌렸다. 베릴의 의도를 전혀 몰랐던 것 같았다.

"말도 안 돼요!"

에릭이 소리쳤다.

하지만 베릴의 생각은 확고했다.

"왜 말이 안 돼? 자네가 있는 대학의 수학과에 주는 거야. 자네한테 주는 게 딱 맞아. 자네는 양자 컴퓨터를 연구하잖아. 자네보다 더 완벽한 주인은 없어."

"양자 컴퓨터가 뭐예요?"

조지가 물었다. 그건 처음 듣는 이야기였고, 게다가 흥미로운 이야기였다. 조지는 에릭이 한동안 꽤 비밀스럽게 행동했다는 걸 알고 있었다. 요즘 무슨 연구를 하느냐고 물으면, 아주 모호한 대답밖에 해 주지 않았다.

수 체계

십진법

우리가 일상에서 쓰는 숫자 시스템이다. 0부터 9까지 10개의 숫자를 사용하여 수를 나타낸다. 1, 10, 100 등과 같이 한 자리씩 올라갈 때마다 자리의 값이 10배씩 커진다.

　　　36 = 3 × 10 더하기 6 × 1
　　　48 = 4 × 10 더하기 8 × 1
　　　148 = 1 × 10^2 더하기 4 × 10 더하기 8 × 1

이진법

초기 컴퓨터 시스템은 이진법 숫자 시스템을 사용했다. 이진법은 0과 1, 두 개의 숫자만을 사용하여 수를 나타낸다.

　　　10 = 1 × 2 더하기 0 × 1, 즉 십진법에서는 2
　　　11 = 1 × 2 더하기 1 × 1, 즉 십진법에서는 3
　　　111 = 1 × 2^2 더하기 1 × 2 더하기 1 × 1, 즉 십진법에서는 7

　0 또는 1은 컴퓨터 회로의 스위치와 연결해서 0 = '꺼짐', 1 = '켜짐'으로 설정하고, 그런 뒤 이진법으로 작성한 코드가 회로를 계산에 필요한 대로 켰다 껐다 하게 만들 수 있었다.

16진법

오늘날의 컴퓨터는 더 복잡해져서 16이라는 인수에 토대한 16진법으로 코드를 작성하는 일이 많다. 16진법은 숫자를 0에서 9까지 센 뒤 10은 A, 11은 B가 되는 식으로 해서 F(15)까지 간다.

　　　그러므로 C는 십진법으로는 12다.
　　　10은 16진법으로 표현하는 16이다.
　　　11 = 1 × 16 더하기 1 × 1 = 17
　　　1F = 1 × 16 더하기 F × 1(15) = 31
　　　20 = 2 × 16 더하기 0 × 1 = 32
　　　F7 = F × 16(15 × 16 = 240) 더하기 7 × 1 = 247
　　　100 = 1 × 16^2 더하기 0 × 16 더하기 0 × 1 = 256

암호 해독

암호 해독은 대개 비밀 메시지를 보낸 사람이 어떤 방식의 암호를 사용했는지 모르는 상태에서 그 메시지를 푸는 일을 의미한다.

컴퓨터 시대 이전의 암호

디지털 컴퓨터가 나타나기 전에, 암호는 글자 또는 글자를 나타내는 숫자를 토대로 만들었다. 예를 들어 메시지의 모든 글자가 다른 글자로 대치되는 식이다. 단순한 암호로는 A는 E가 되고, B는 F가 되는 식으로 알파벳을 차례대로 바꾸는 것이 있다. 아니면 알파벳 전체를 정해진 방법으로 뒤섞을 수도 있다.

이런 종류의 암호를 풀 때 좋은 방법 중 하나는 각 글자가 암호문에 얼마나 자주 쓰였는지를 세어 보고(빈도 분석이라고 한다) 몇 개의 변환 규칙을 짐작해 보는 것이다. 예를 들면 알파벳 e는 아주 많은 단어에 들어간다. 그런데 암호 메시지에 s가 많다면, s = e라는 뜻일 수 있다. 이것만 가지고도 남아 있는 변환 규칙을 정확히 짐작하는 일이 가능하다. 본래의 메시지가 의미가 통해야 하기 때문이다.

더 복잡한 암호 작성법은 알파벳을 완전히 다른 방식으로 섞어서 사용하는 것이다. 그 조합 방법은 아주 많다. 알파벳은 모두 26자이기 때문에, 첫 글자로 쓸 수 있는 글자는 26개, 두 번째 글자로 쓸 수 있는 글자는 25개, 세 번째 글자로 쓸 수 있는 것은 24개 하는 식으로 끝까지 계속된다.

현대의 암호 해독

현대적 방식은 글자에 토대하지 않고 컴퓨터 메모리의 비트(1과 0)에 토대한다. 암호 작성과 해독에 모두 비트(1과 0)의 긴 수열로 이루어진 비밀 기호를 사용한다. 오늘날 256비트의 기호를 사용하면 슈퍼컴퓨터를 사용한 무지막지한 방식의 (즉 가능한 모든 기호를 다 시도해 보는) 암호 해독을 막을 수 있다고 여겨진다.

CODEBREAKING
→ DPEFCSFBLJOH
(뒤로 1글자씩 밀어서 쓰기)

GEORGE
→ JHRUJH
(뒤로 3글자씩 밀어서 쓰기)

ANNIE
→ ZMMHD
(앞으로 1글자씩 당겨서 쓰기)

하지만 오늘 밤 에릭은 평소보다 말이 많았다.

에릭이 조지에게 말했다.

"이 다음번에 올 변화의 물결이지. 우리는 정보의 디지털 혁명을 겪었고, 이제 양자 혁명의 문턱에 와 있어. 우리가 양자 컴퓨터를 만들고 그걸 통제할 수 있으면—지금은 아주 어려워 보인다만—, 지금의 컴퓨터로는 상상도 못하던 일들을 하게 될 거야."

"예를 들면요?"

조지가 묻자 에릭이 즐거운 듯 대답했다.

"양자 컴퓨터로는 그 어떤 암호도 풀 수 있어. 지구상의 어떤 시스템도 그걸 막지 못할 거야! 양자 컴퓨터는 정보 처리, 의학, 물리학, 공학, 수학의 분야에서 놀라운 일들을 할 거야. 이게 지금 우리 앞에 다가온 다음번의 큰 발전이란다."

"하지만 그게 에니그마하고 무슨 상관이에요?"

조지의 물음에 이번에는 베릴이 답했다.

"에니그마는 그 뒤에 올 모든 흥미로운 기술의 선구자야. 그리고 에니그마는 실제로 존재하고 작동했지. 하지만 양자 컴퓨터는 아직은 존재하지도 않고 작동하지도 않아."

에릭이 덧붙여 말했다.

"맞아요, 하하하! 지금 제가 하는 일 대부분이 양자 오류 탐지와 관련되어 있어요."

베릴이 말했다.

에니그마

암호 전쟁

제2차 세계 대전(1939~1945) 때 전쟁에 참여한 국가들은 에니그마(독일)나 타이펙스(영국) 같은 기계를 사용해서 중요한 메시지를 암호화했다. 에니그마는 사용자가 기계에 달린 자판으로 메시지를 타이핑하면 기계가 암호화된 텍스트를 만들어 내고, 글자에 불이 켜져서 바뀐 글자를 알려 주었다. 암호화된 메시지는 손으로 기록한 뒤 모스 부호로 바꾸어서 무선으로 보냈다.

세 개의 회전자

에니그마 기계에는 배선이 복잡하게 된 회전자(바퀴)가 세 개 있었다. 이 회전자들은 꺼내서 순서를 바꾸어 끼우고, 세 개 각각을 26개 중 하나의 위치로 회전시킬 수 있었다. 그러므로 세 개의 회전자를 배치하는 방법은 모두 6가지(3 × 2 × 1)가 있고, 각 글자의 위치는 모두 26 × 26 × 26가지가 있었다. 이것을 더욱 복잡하게 만들기 위해서 기계 앞의 플러그보드에 짧은 전선을 최대 10개까지 꽂을 수 있었다. 전선을 꽂는 각각의 방식마다 메시지에 사용할 암호 세트가 26 × 26 × 26가지 추가되었다. 메시지를 받는 쪽에서는 똑같은 방식으로 설정한 에니그마 기계에 그 바뀐 텍스트를 입력한다. 그런 뒤 불이 켜지는 글자를 기록해서 본래의 텍스트를 해독할 수 있었다. 에니그마 사용자는 매일 어떤 회전자가 어디에 어떤 위치로 삽입되고, 플러그보드에 전선들이 어떻게 연결되는지 알아야 했다.

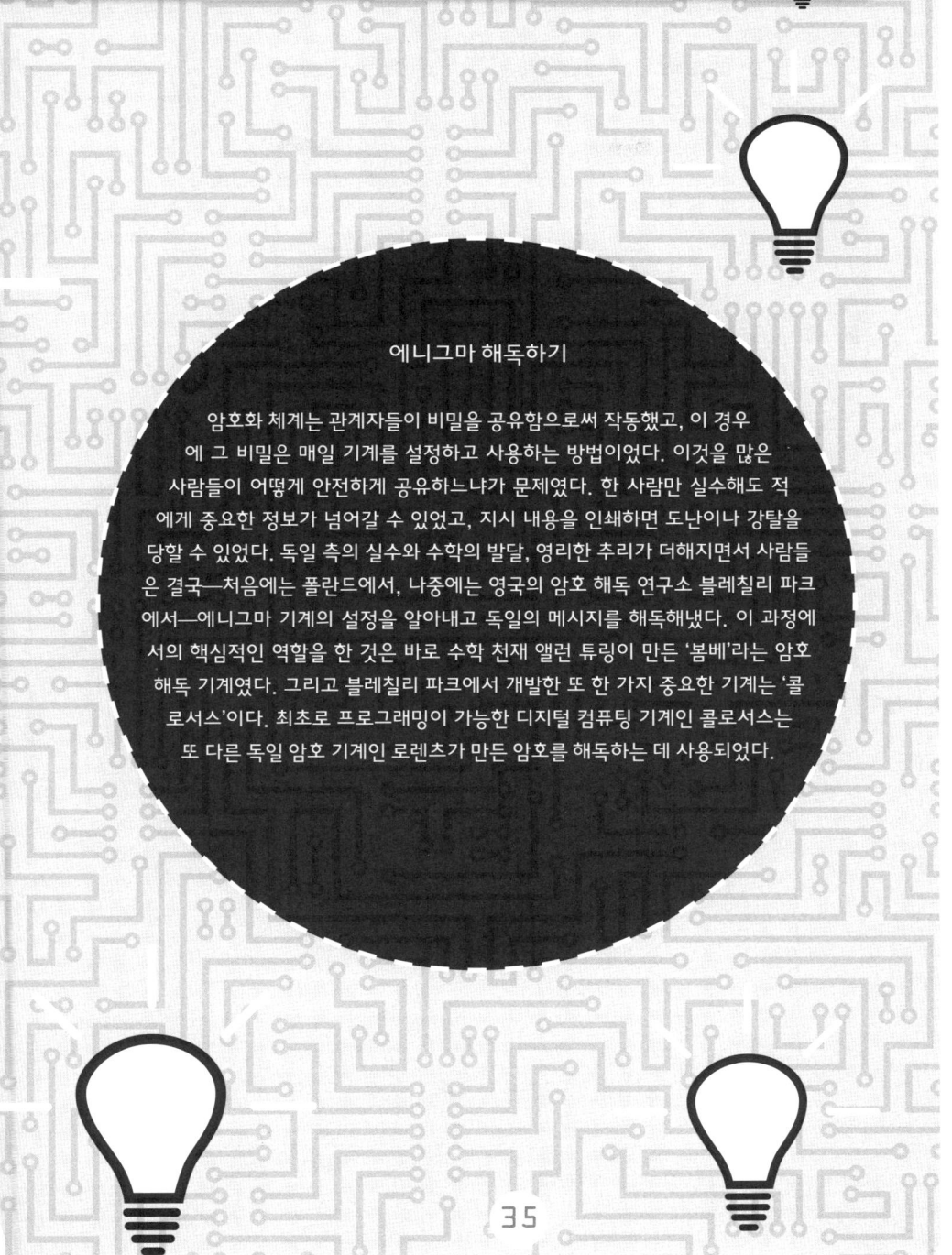

에니그마 해독하기

암호화 체계는 관계자들이 비밀을 공유함으로써 작동했고, 이 경우에 그 비밀은 매일 기계를 설정하고 사용하는 방법이었다. 이것을 많은 사람들이 어떻게 안전하게 공유하느냐가 문제였다. 한 사람만 실수해도 적에게 중요한 정보가 넘어갈 수 있었고, 지시 내용을 인쇄하면 도난이나 강탈을 당할 수 있었다. 독일 측의 실수와 수학의 발달, 영리한 추리가 더해지면서 사람들은 결국—처음에는 폴란드에서, 나중에는 영국의 암호 해독 연구소 블레칠리 파크에서—에니그마 기계의 설정을 알아내고 독일의 메시지를 해독해냈다. 이 과정에서의 핵심적인 역할을 한 것은 바로 수학 천재 앨런 튜링이 만든 '봄베'라는 암호 해독 기계였다. 그리고 블레칠리 파크에서 개발한 또 한 가지 중요한 기계는 '콜로서스'이다. 최초로 프로그래밍이 가능한 디지털 컴퓨팅 기계인 콜로서스는 또 다른 독일 암호 기계인 로렌츠가 만든 암호를 해독하는 데 사용되었다.

만능 튜링 기계

상상의 장치
1936년에 '컴퓨터'라는 말은 계산을 하는 사람을 가리켰다. 천재 수학자 앨런 튜링이 만든 튜링 기계는 인간 컴퓨터가 계산할 때 수행하는 모든 일을 재연할 수 있는 단순한 상상 장치로 고안되었다. 이 기계는 현실의 장치가 아니라 컴퓨팅이 무엇인지, 컴퓨팅을 통해 할 수 있는 것이 무엇인지를 이해하기 위한 수학적 장치였다. 하지만 현실에는 존재할 수 없었다. 그 이유 중 하나는 이 기계는 '메모리'와 작동 시간이 모두 무한하다고 가정했는데, 현실에서는 두 가지가 다 불가능하기 때문이다.

끝없이 이어지는 0
기계의 작동은 먼저 코드로 작성된 유한한 명령의 목록에 의해 정의된다. 0이라는 숫자가 계속 적힌 아주 긴 테이프가 있다고 상상해 보자. 테이프는 양쪽으로 무한히 뻗어 있고 (테이프가 끝없이 길다고 가정해 보자) 이것은 컴퓨팅 기계의 '메모리'를 나타낸다. 이 0들 사이 중간중간에 유한한 개수의 1이 들어가 있고, 이것은 이 기계의 '데이터'를 나타낸다. 이 테이프 위에 있는 처리 장치(프로세서)는 현재 자신의 바로 밑에 있는 부호 한 개만 읽고 그것을 그대로 두던가 아니면 그것을 0 또는 1로 바꿀 수 있다.

기계에는 규칙적으로 작동하는 시계도 있다. 시계의 초침이 한 번 이동할 때마다 프로세서는 현재 자기 밑에 있는 부호를 읽는다. 그런 뒤 이때 읽은 것이 무엇인지, 그리고 그 기계의 현 상태가 어떤지에 따라 두 가지 작업을 할 수 있다.

- 자신이 읽은 부호를 바꾸어서 0 또는 1로 표시하고, 테이프 왼쪽 또는 오른쪽으로 한 자리 이동하고, 아마도 다른 상태로 변해서 다음번 초침 이동을 기다린다.
- 같은 일을 하지만 그런 뒤 정지한다(꺼진다).

이 기계가 실제로 무엇을 하느냐는 우리가 어떤 규칙(프로그램)을 설정하느냐 하는 것과 테이프에서 무엇을 읽느냐에 달려 있다. 예를 들어, 기계가 0으로 시작한다고 가정해 보자. 테이프에는 0들이 길게 적혀 있다가 오른쪽 어딘가에서 몇 개의 0이 1로 바뀌어 있다. 이 1들이 우리가 기계에 입력하는 이진 숫자의 패턴을 이룬다. 다음과 같은 규칙을 하나 만들어 보자.

상태 0에서 0을 읽으면, 상태 0으로 바꾸고 0을 쓴 뒤, 오른쪽으로 이동한다.

이것은 기계가 처음에 0을 보면 (그러니까 상태 0일 때) 상태 0을 유지하고, 테이프의 0을 바꾸지 않으며, 오른쪽으로 한 칸 움직인다는 뜻이다. 테이프 한 칸 오른쪽이 여전히 0이면, 같은 일이 일어난다. 기계는 여전히 상태 0이고, 테이프에 아무런 변화도 일으키지 않은 채 오른쪽으로 한 칸 움직인다.

이런 일이 초침 이동에 맞추어 한 번씩 일어나다가 마침내 기계가 첫 1과 마주친다. 이제 기계가 상태 0에서 1을 읽으면 어떻게 해야 하는지 알려 주는 규칙이 필요하다. 가장 단순한 규칙은 '상태 0을 유지하고, 1을 쓰고, 오른쪽으로 한 칸 이동하고, 정지한다'이다. 이제 기계 왼쪽에 1이 나타날 것이고, 이것이 컴퓨팅의 결과다.

이 단순한 컴퓨팅을 이렇게 정리할 수 있다. '입력이 유효하면 1을 프린트하라.' 유효하다는 것은 '1이 하나 이상 있다'는 뜻이다. 기계가 시작되었을 때 오른쪽에 1이 없으면, 기계는 영원히 1을 찾아 오른쪽으로 움직인다. 정지하는 일 없이 아무 보람 없는 일을 끝없이 계속할 것이다! 이런 일은 실제 컴퓨터에서도 일어날 수 있다. 프로그램 가운데는 컴퓨터가 망가질 때까지 끝없이 '반복' 또는 '회전'하는 것도 있을 수 있다.

안타깝게도 튜링 기계와 컴퓨터 모두 이런 가능성을 기본적 속성으로 갖추고 있다. 하지만 '유효한' 입력에 1개 이상의 1을 포함시키면 이런 일이 일어나는 것을 막을 수 있고, 그러면 이 첫 번째 규칙이 영원히 사용되는 것도 막을 수 있다.

> ### 가능한 모든 계산
> 시간도 충분하고 테이프에 필요한 1을 다 적을 능력도 있다면, 우리가 생각할 수 있는 정수를 활용한 기계적 연산은 모두 튜링 기계의 오른쪽에 입력 숫자를 투입하는 방식으로 수행할 수 있다. 그러니까 시계를 작동시키고 그것이 멈추기를 기다렸다가 기계 왼쪽에 나온 답을 읽는 것이다. 인간이 펜과 종이로 할 수 있는 모든 산술적 계산이 여기 포함되고, 앨런 튜링은 자신의 튜링 기계가 컴퓨팅 할 수 있는 범위는 컴퓨팅 자체의 가능성과 일치한다고 주장했다. 놀랍게도 그가 주장을 한 지 80년 가까운 세월이 지난 지금도 앨런의 주장은 훌륭한 정의로 여겨진다. 지금까지 알려진 디지털 컴퓨팅 기계의 설계는 모두 튜링 기계가 컴퓨팅할 수 있는 것만을 컴퓨팅할 수 있기 때문이다.

거기다 튜링은 튜링 기계조차 모든 문제를 풀 수는 없다는 것도 수학적으로 보여 주었다! 달리 말하면, 수학의 어떤 문제들은 컴퓨팅할 수 없다. 아직은 컴퓨터가 수학자를 대신할 수 없다는 의미다.

"네 아빠는 양자 컴퓨터를 작동시킬 수 있는 지구상의 유일한 사람일 거야. 양자 컴퓨터가 있다면 말이지."

그 말에 에릭은 기분이 좋아진 것 같았다.

"양자 오류 탐지는 한마디로 우리가 양자 컴퓨터를 쓸 때 약간의 통제력을 갖게 해 주는 거야. 그런데 지금은 그게 별로 가능해 보이지 않아. 에니그마는 그런 문제는 없었는데 말이야."

"저희가 에니그마를 써 봐도 될까요? 애니하고 제가 그걸로 암호 메시지를 주고받아 보고 싶어요."

조지가 물었다.

베릴이 셰리 주를 쭉 마시고 말했다.

"에니그마로 메시지를 보낼 수는 없단다. 암호를 만들고 풀 뿐이지. 전송하는 건 다른 수단을 썼어. 실제로 암호 메시지를 모스 부호로 만들어서 무선으로 보냈어. 요즘은 그 두 가지를 동시에 하지. 수억 개의 메시지를 매순간 암호화해서 케이블과 방송 전파로 지구 곳곳으로 보내고, 그러면 다른 컴퓨터가 그걸 받아서 해독하는 거야. 이메일, 웹페이지 요청, 컴퓨터의 명령이 모두 암호 메시지고, 어떤 암호는 누구라도 아는 것이지만―안 그러면 인터넷 사용이 아주 힘들어지겠지―, 인터넷으로 양말을 살 때 신용카드 번호를 암호화하지 않으면 염탐꾼이 우리 돈을 훔쳐 갈 수도 있어. 전 세계의 컴퓨터가 세상을 어떻게 움직이는지 생각해 보렴. 전기, 교통, 국방, 이 세 개만 따져도 말이야. 이런 일들은 다 나쁜 사람들이 침입해서 시스템을 망치지 못하도록 암호 체계를 사용하고 있어. 그러니 그런 암호를 다 풀 수 있다면 전 세계를 인질로 잡을 수 있지."

그러자 에릭이 짐짓 엄격한 목소리가 되어서 말했다.

"애들한테 엉뚱한 상상을 불어넣지 말아 주세요. 이 아이들이 일급비밀 정부 웹사이트에 잠입해서 세상을 시끄럽게 하면 제 체면이 뭐가 되겠어요?"

베릴이 소리쳤다.

"아, 그러면 정말 재미있겠는걸. 나는 애들이 정말로 그랬으면 좋겠어!"

조지는 애니를 보았다. 베릴은 재미있는 이야기를 많이 알고 있는 것 같았다.

"아이들한테 그렇게 말씀하시면 안 돼요."

에릭이 베릴에게 말했지만, 화난 모습은 아니었다.

"이제 그만 가라, 얘들아. 베릴 선생님이 너희를 첩보 기관의 청소년과에 등록시키기 전에 얼른."

"아, 아빠!"

애니가 안타까운 목소리로 말했다. 베릴의 이야기에 흥미가 생긴 애니는 어느새 스마트폰도 치워 두고 있었다.

"저는 첩보 기관에 들어가고 싶단 말이에요! 그건 제 인생 최고의 꿈이에요! 두 분 곁에 계속 있게 해 주세요."

컴퓨터 코드란 무엇인가?

비밀을 위한 코드

역사 속에서 인간이 코드를 사용한 것은 대개 메시지를 암호화하기 위해서였다. 코드를 사용하면 평범한 글도 그 해독법을 모르는 사람에게는 아무런 뜻도 없는 이상한 글이 된다. 코드를 이용해 사람들은 같은 편에게 비밀 메시지를 보낼 수 있었다.

오늘날 인터넷으로 쇼핑을 할 때에도 그와 똑같은 일을 해야 다른 사람이 인터넷으로 우리의 신용카드 관련 정보를 알아내서 돈을 훔치는 일을 막을 수 있다. 디지털 컴퓨터는 (신용카드 정보 같은) 메시지의 상세 내용을 다른 사람들이 볼 수 없게 해 줄 뿐 아니라 메시지가 훼손되거나 사기꾼이 발송한 것인지 쉽게 확인할 수 있게 해 준다.

이 방법은 '글자'가 아니라 '비트'로 수행되고, 암호는 컴퓨터로는 쉽게 사용할 수 있지만 해독 방법을 모르는 상태에서는 풀기가 매우 어렵다. 물론 그래도 사람들은 암호를 풀려는 시도를 계속한다. 그래서 결국 암호를 푸는 새로운 방법이 발견되고, 그렇게 되면 다시 새로운 암호가 만들어진다.

컴퓨터 언어

수학자에게 코딩이란 한 부호의 집합을 일정한 규칙에 따라 다른 부호의 집합으로 변화시키는 과정이다.

컴퓨터를 작동시키려면 명령과 데이터를 코딩하는 것이 그 기본이다. 컴퓨터 처리 장치가 명령을 읽을 수 있게 하려면 이것을 1과 0으로 정확히 어떻게 나타내야 하는가? 이 일을 하는 규칙이 그 프로세서의 '기계 코드'를 규정한다.

각 규칙의 집합은 '알고리즘'이라고 하며, 코딩은 인간이 펜을 들고 끈기 있게 수행할 수도 있고 또 디지털 컴퓨터가 (훨씬 빠르게) 수행할 수도 있다.

인간은 C 또는 포트란 같은 독해 가능한 컴퓨터 언어로 프로그램을 작성한다. 둘 다 1과 0이 아니라 영어식 글자와 기호를 사용한다. 지난 세월 동안 수많은 프로그래밍 언어가 개발되어서 프로그래머가 컴퓨터와 '대화' 할 수 있게 되었고 '컴퓨터 코드'를 말할 때는 흔히 이렇게 다양한 언어로 코딩된 프로그램을 뜻한다.

컴플라이어는 특별한 프로그램으로, 이런 고급 언어로 작성한 프로그램을 읽고, 프로세서에 직접 투입되는 기계 코드 프로그램으로 변환해 주는 역할을 한다. 기계 코드는 오늘날 대개 16진법으로 작성된다.

이런 코드를 풀면 프로그램의 작동을 중단시키거나 예상 밖의 작동을 하게 만들 수 있다. 이런 일은 대개 악의를 품은 인터넷 사용자가 컴퓨터에 무단 접속해서 장난을 치거나 다른 사람의 신용 카드 정보를 훔쳐서 돈을 빼 가는 등의 범죄를 저지르기 위해 시도한다.

알고리즘

알고리즘은 명확한 규칙을 통해서 한 가지 부호 목록을 다른 부호 목록으로 변경시키는 일을 단계별로 진행하는 과정이다. 예를 들면 학교에서 큰 수의 곱셈이나 나머지가 계속 생기는 나눗셈을 배울 때 이것을 몇 가지 단계로 수행하도록 배우는데, 이런 단계들이 바로 '알고리즘'이다. 모든 문제는 정확히 똑같은 방식으로 처리된다. 각 단계마다 종이에 숫자를 적고, 필요한 행을 계속 추가해서 마침내 답을 찾아낸다.

알고리즘은 역사가 아주 깊다. 유클리드는 기원전 300년 무렵에 두 정수의 최대 공약수를 찾는 알고리즘을 작성했다. (물론 그 역사는 이보다 더 오래되었을 것이다)

'알고리즘'이라는 단어는 9세기의 페르시아 수학자인 알 콰리즈미에서 비롯되었다. 그는 산수를 하는 알고리즘을 설명했다. 그는 (다른 일도 많이 했지만) 대수학의 방법도 발전시켰다.

20세기의 수학자들은 알고리즘에 대해 수학적으로 명확히 정의를 내리고자 했지만, 그들의 초기 정의는 모두 결국 '튜링 기계가 수행할 수 있는 것'과 같은 뜻이었다. 알려진 컴퓨터 설계 가운데 그 이상을 할 수 있는 것은 아직 없다!

모든 컴퓨터 프로그램을 한마디로 요약하면, 처리 장치의 주기에 따라 컴퓨터 메모리 속의 비트 패턴을 변화시키는 알고리즘이다.

하지만 에릭은 넘어가지 않았다.

"졸라도 소용없어. 가서 보안 정보국이 나를 찾아오게 만들지 않을 일을 해. 나는 제임스 본드가 아니라 물리학 교수야. 두 가지를 헷갈리면 안 돼."

조지가 창밖을 보고 말했다.

"밖이 어두워졌어! 나무 집에 가서 토성의 사진을 찍자!"

에릭이 그 말에 찬성했다.

"좋은 생각이구나. 아무리 너희라도 먼 행성의 사진을 찍다가 말썽을 일으키지는 못할 테니."

베릴이 웃으며 애니와 조지에게 윙크를 해 보였다.

"인생은 가끔 말썽을 일으켜야 재미있는 법이지. 세상이 재미난 건 다 그 때문 아니겠니."

"얼른 가라니까!"

에릭의 목소리에는 이제 진짜로 성난 기색이 담겼다.

3장

 애니와 조지는 순순히 거실을 나왔고, 부엌에 이르자 달음박질을 시작했다.
 "나무 집에 늦게 도착하는 사람은……."
 둘이 한 목소리로 외쳤다.
 "바-아-보!"
 애니가 소리쳤다.
 "또-옹-개!"
 조지가 소리치며 애니와 함께 마당으로 뛰어들었다. 둘 다 자신이 울타리 구멍에 먼저 들어가려고 서로를 밀쳤다.
 그들은 동시에 나무 집에 도착했다. 애니는 사다리를 잡았고, 조지는 큰 배의 선원처럼 매듭 진 밧줄을 타고 올랐다. 둘은 동시에 나무 집에 당도해서 소리쳤다.
 "내가 이겼어!"

나무 집은 폭풍 속의 배처럼 흔들렸고, 조지와 애니는 행여 어두운 마당으로 떨어질까 서로를 붙들었다.

"우아!"

애니가 소리를 질렀다. 바닥판의 흔들림이 천천히 멈추었다.

"이런, 아까 사다리를 안 올려놓고 갔었네."

조지가 양심의 가책을 느끼며 말했다.

"망원경은 무사해?"

애니가 물었다.

제발 무사해야 할 텐데! 조지는 주머니에서 작은 플래시를 꺼냈다. 다행히 망원경은 아직도 그 자리에 있었고, 카메라도 그 옆에 놓여 밤하늘을 담을 영광의 순간을 기다리고 있었다. 조지는 손수건을 꺼내서 끈끈이가 다 없어질 때까지 뷰파인더를 꼼꼼히 닦았다.

애니가 물었다.

"쌍둥이가 여길 어떻게 올라왔을까? 걔들이 밧줄 사다리도 탈 줄 알아?"

조지가 우울한 목소리로 대답했다.

"걔들은 안 가는 데가 없어. 손을 안 대는 것도 없고."

애니가 빙긋 웃었다.

"아, 그 아이들은 정말 귀여워. 너도 좋아하잖아."

조지는 대답하지 않았다. 멋진 고리 행성을 완벽하게 포착하기 위해 망원경을 조절하기에 바빴다. 조지는 잠시 맨눈으로 밤하늘의 별들을 바라보고 정말로 환상적인 광경이라고 생각했다. 우주라는 세계, 지구 대기 바깥에 펼쳐진 그 넓은 세계는 볼수록 매력적이었다. 조지는 '우주 공간'이라는 말 자체도 좋았다. 우주의 드넓은 공간, 상상할 수 없을 만큼 거대하고 기이하고 환상적인 일들이 가득한 곳. 행성, 블랙홀, 중성자별 등…… 일일이 꼽아 보면 끝이 없었다.

조지는 생각했다.

'우주는 정말 환상적이야! 나는 그걸 빠짐없이 알고 싶어. 인간 지식과 이해력의 한계를 넘어서 이 엄청난 우주에 대한 모든 걸 알고 싶어.'

"사진 찍을 거야?"

애니의 목소리가 조지의 생각을 깼다.

조지가 대답했다.

"응, 해 볼 거야. 빛 공해가 심하지 않으면 좋겠는데……."

폭스브리지는 작은 대학 도시인데도 빛이 너무 많아서 지평선 부근의 밤하늘이 검은색이 아니라 주황색이었다. 그래도 조지는 카메라의 버튼을 눌렀다. 망원경으로 인간 눈보다 더 많은 빛을 모았기 때문에 수백만 킬로미터 바깥에 있는 태양계의 한 행성을 찍을 수 있었다.

애니가 카메라를 잡고 말했다.

"보여 줘! 얼마나 멋진 사진을 찍었는지 보자!"

애니는 사진을 보려고 카메라의 메모리를 열었다.

"아!"

애니가 놀라서 소리를 질렀다.

조지가 물었다.

"왜? 사진이 안 찍혔어?"

"아니, 찍혔어. 근데……."

조지가 카메라를 다시 받아서 방금 찍은 폭스브리지 하늘의 사진을 보았다.

조지가 말했다.

"이건 토성이 아닌데. 이 모습은 꼭…… 어, 무얼 닮은 건지 모르겠다……."

애니가 그 말을 이어받았다.

"우주선 같은걸. 하지만 내가 지금껏 본 우주선하고는 달라."

애니는 망원경으로 밤하늘을 올려다보았다.

"아무것도 안 보여."

조지도 애니를 뒤따라 망원경을 들여다보고 말했다.

"나도 안 보여. 사진에 찍힌 게 뭔지는 몰라도 어쨌건 지금은 사라졌어."

애니가 말했다.

"이상하네. 사진 속 그 물체는 하늘에 뜬 우주 도넛처럼 생겼는데, 망원경으로 보면 아무것도 없어. 별들이야 있지만 그거야 원래부터 있던 것들이고."

"그래, 진짜 이상해."

조지가 말하면서 줌 기능으로 카메라의 작은 스크린 속 사진을 확대해 보았다. 그랬더니 수수께끼의 물체 옆면에 적힌 희미한 글씨가 보였다.

"'IAM(아이에이엠)'이라고 쓰여 있어."

애니가 물었다.

"IAM? 그게 뭐야? 국제 미국 임무(International American Mission)? 멍청이 안드로이드 미사일(Imbecile Android Missile)? 놀라운 무장 기계(Incredible Armed Machine)?"

"몰라. 못 들어 본 말이야."

조지가 대답했다. 우주 탐사의 팬인 조지는 현재 낮은 지구 궤도에서 벌어지는 우주 임무는 모두 안다고 자부하고 있었다. 그런데 이런 이름의 임무는 없었다.

"혹시 비밀 우주선인가?"

"아니면 외계인?"

애니가 흥분해서 물었다.

"아마 무슨 기상 위성일 거야."

조지가 좀 더 현실적으로 말했다.

"위성치고는 너무 커. 그 정도는 나도 알아! 내 생각엔 아마 UFO인 것 같아."

"하지만 UFO가 여기 왜 와? 폭스브리지에 뭘 바라고?"

조지가 물었다.

그런데 그 말을 한 순간 조지는 답을 깨달았다. 그리고 어둠 속에서도 애니의 얼굴이 갑자기 걱정스러워진 것을 보았다. 애니는 아빠에게 나쁜 일이 일어날까 봐 늘 걱정하고 있었다. 에릭은 너무도 중요한 과학자로서 여러 가지 일급비밀 계획에 참여했기 때문에, 과거에도 여러 번 에릭의 일을 방해하고 그가 하는 일을 알아내려는 사람들의 표적이 되었다.

"너네 아빠하고는 상관없을 거야!"

조지는 애니를 안심시켰지만 그러면서도 무언가 흥미로운 일이 있을지 모른다는 설렘도 일었다.

"과학 위성이 대기를 측정하는 걸 거야. 생긴 건 완전히 UFO지만 가까이서 보면 평범할 게 분명해."

하지만 이렇게 말하면서도 마음 한 구석에서는 그 말이 틀렸기를, 그것이 평범한 것이 아니기를 바랐다.

"그래, 맞아."

애니가 말했다. 썩 수긍하는 기색은 아니었지만, 기분은 조금 나아진 것 같았다. 애니는 운동화를 신은 양발을 서로 문질렀다.

"지금 아빠는 무사하실까?"

"당연하지."

조지가 확고하게 말했지만, 정말로 확신은 들지 않았다.

"에릭 아저씨는 우리 나라에서 가장 중요한 과학자야. 그러니까 아저씨를 지켜 주는 사람들이 있을 거야. 걱정은 그만해! 폭스브리지의 중간 방학에는 아무 일도 안 일어나. 그냥 재미없는 부모님과 학교 숙제가 있을 뿐이지."

"그 말이 맞았으면 좋겠다."

애니가 중얼거리며 혹시나 UFO가 돌아올까 싶어 하늘을 훑어보았다. 애니의 목소리는 아직 평소 같은 활기가 돌아오지 않았다.

"애니, 애니 나와라!"

조지가 두 손을 입 앞에 모아서 메가폰처럼 만들었다.

"초콜릿 가진 것 좀 있어? 그러니까 공룡 발톱 말이야. 조금 배가 고프거든."

애니의 얼굴이 밝아졌다.

"헛소리 그만해."

어쨌거나 애니는 다시 웃었다.

4장

다음 날 역시 청명한 중간 방학 날이었다. 조지는 아침 식탁에서 아빠에게 여동생들이 나무 집에 올라가서 무슨 일을 했는지 아느냐고 물었다. 아빠는 대답을 피하려고 했지만 결국 쌍둥이들이 조지 오빠가 노는 곳을 보여 달라고 너무 졸라서 아이들을 데리고 올라갔다는 사실을 털어놓았다.

"하지만 동생들이 절대 거기 못 올라가게 할 거라고 말씀하셨잖아요!"

조지가 실망해서 소리쳤다.

"안 올라갈 거야! 다시는 절대! 그때 딱 한 번이었어. 정말이야."

아빠 테렌스가 약속했다.

조지는 다시 흠 소리를 냈다. 아빠의 규칙은 자신 앞에서는 1밀리미터도 꿈쩍하지 않지만, 여동생들 앞에서는 쉽게 깨지는 것 같았다. 하지만 애니가 여동생들한테 화내지 말라고 한 말이 떠올랐고, 애니를 생각하자 UFO 사진이 생각났다. 그러자 얼른 집안일을 해치우고 나무 집에 가서 애니를 만나고 싶어졌다. 애니가 어젯밤 집에 가서 에릭에게 비밀 우주선에 대해 어떤 유용한 이야기를 들었는지 알고 싶었다. 그래서 우울한 기분을 털고 자신이 맡은 집안일을 했다. 닭 모이 주기, 달걀 모아 오기, 채소 찌꺼기를 퇴비용으로 마당에 모아 놓기, 엄마와 함께 빵 만들 밀가루 반죽하기 등등……. 그랬더니 점심을 먹은 다음에야 일에서 풀려나서 나무 집 사다리를 오를 수 있었다.

조지가 나무 집에 올라오고 1초도 지나지 않아 바깥에서 부시럭거리는 소리가 나더니 누군가 바닥판으로 우당탕 뛰어들어 나무 집 전체를 흔들었다. 조지는 다시 한 번 집을 묶어 둔 밧줄들이 무사한지 확인해 봐야 하나 하는 걱정이 들었다. 하지만 긴 우비를 입고 옛날식 중절모에 선글라스까지 낀 유령 같은 사람이 다가오자 걱정은 다 사라졌다.

"기상 통보관이 말하기를 오늘 밤은 날씨가 맑다는구려."

유령이 수수께끼처럼 말했다.

"어…… 정말?"

조지가 물었다. 애니는 에니그마 시절의 스파이로 변장하고 있었다. 말투도 2차 세계 대전 때 적들이 이해하지 못하도록 암호로

된 메시지를 주고받는 스파이 같았다.

"유리 눈 위로 지나가는 구름이 때 이른 눈을 뿌릴 거요."

유령이 다시 말했다.

"큰 치즈는 홀로 서 있지요."

조지가 장단을 맞추며 말했다.

"우리는 한밤중에 딸기를 땁니다."

애니는 우비와 모자를 벗었지만, 선글라스는 벗지 않았다. 그게 멋있다고 생각하는 것 같았다.

"잠깐……."

조지가 손바닥으로 가로막으며 말했다.

"메시지에는 의미가 있어야 해. 해독하는 방법만 알면 이해할 수 있도록. 아무 말이나 막 한다고 되는 게 아니야!"

"아! 가끔씩 넌 정말 고리타분하다니까! 내 아이큐가 몇인지 말해 줬니?"

애니가 소리치면서 빈백 의자에 털썩 주저앉았다.

"응, 백만 번쯤."

조지가 대답했다. 조지도 아이큐 테스트를 한 번 받아 보고 싶었다. 하지만 전에 부모님에게 그런 말을 했을 때, 두 분은 교육 관련 테스트는 찬성하지 않는다고 하셨다.

"너네 아빠가 그 사진을 보고 뭐라고 하셔?"

조지가 물었다. 애니의 아이큐 자랑이 아닌 더 흥미로운 이야기를 하고 싶었다. 애니는 어젯밤에 조지의 카메라를 자신의 집으로 가지고 갔다.

"베릴 선생님, 그분 아직도 너네 집에 계셔? 무슨 실마리라도 주셨어?"

조지의 질문에 애니가 대답했다.

"네가 찍은 사진을 보여 드렸는데 두 분 다 모르겠대. 외국의 인공위성 같대. 조금 큰 편이긴 하대. 그리고 'IAM'이 무슨 뜻인지도 모른대."

"그러니까 쓸모 있는 이야기는 하나도 안 해 주신 거네."

조지는 실망했다. 새로운 모험을 떠날 기회를 노리고 있었기 때문이다. 다시 한 번 에릭의 멋진 컴퓨터인 코스모스를 켜고, 그것이 만든 문을 통해 우주로 나갈 기회를. 그런 일은 하고 싶다고 그냥 할 수 있는 게 아니었다. 합당한 우주 임무가 있어야 했다. 하지만 조지는 우주여행을 나갈 그럴 듯한 이유를 찾을 수 없었다. 유일한 이유는 자신이 하고 싶다는 것이었는데, 그것만으로는 충분하지 않을 것 같았다.

애니가 말했다.

"응, 두 분 다 웃기만 하셨어. 어땠냐면 '잔에 술을 더 따라서 UFO에 건배를 하자!' 이런 분위기였어. 전혀 심각하게 여기지 않으셨어."

"그러면 이제 어떡하지?"

조지는 더 이상 할 수 있는 게 없다고 느꼈다.

애니가 말했다.

"몰라. 혹시 알아보는 사람이 있을까 해서 인스타그램에 사진을 올렸더니, 소그 족이 지구를 정복하러 쳐들어올 테니 조심하라고 비웃는 댓글만 잔뜩 달렸어."

"와! 소그 족! 내가 가장 좋아하는 외계인 종족인데!"

조지가 장난스럽게 외치다가 문득 멈추었다.

"그런데 잠깐, 그걸 인터넷에 올리는 거 괜찮을까? 그게 진짜 어떤 위험한 비밀 임무라면 네가 자기네 우주선 사진을 올렸다고 화를 내지 않을까?"

그러자 애니의 얼굴에 걱정이 드리웠다.

"이런! 그건 생각 못했네. 트위터에도 올렸는데."

조지가 말했다.

"아, 그건 괜찮아. 넌 팔로워가 한 명도 없으니까 아무 문제 안 될 거야."

그 말에 애니는 삐쳤다.

"앞으로 생길 거거든. 팔로워가 수백만, 수천만 생길 거야."

그러더니 말을 멈추고 우쭐한 미소를 지었다.

"내가 블로그를 시작하면 모든 게 달라질 거야."

"블로그?"

조지가 놀라서 물었다. 애니의 블로그 이야기는 들은 적이 없었다.

애니가 들떠서 말했다.

"아주 멋진 블로그지. 나는 학교 과학 숙제랑 연결해서 블로그에 올릴 내용을 준비할 거야. 아니, 블로그보다 유튜브에 동영상을 올리는 게 좋겠다."

"주제가 뭔데?"

조지가 물었다.

"어…… 그건 아직 몰라. 아직 결정 못했어. 선생님이 '화학'과 관련된 걸로 하라고 하셨는데, 구체적인 내용은 각자 알아서 정해야 돼."

애니의 말에 조지가 조언했다.

"초콜릿의 화학은 어때? 네가 아주 잘할 것 같은데."

그러자 애니가 발끈했다.

"나도 그러려고 했어. 그런데 칼라 핀치노즈가 내 아이디어를 훔쳐 갔어! 그래서 난 진짜로 멋진 주제를 잡아야 돼. 그 애가 내 아이디어를 빼앗아도 나는 더 좋은 걸 할 수 있고, 내가 개보다 훨씬 더 똑똑하다는 걸 보여 줘야 해."

"그럼 접착제의 화학은 어때?"

조지가 웃으며 말했고, 애니가 한숨 쉬었다.

"그건 안 돼. 지난번에 내가 만든 강력 접착제 때문에 엄마와 아빠가 식탁에 붙어 버려서 두 분 기분이 별로 안 좋으셨거든. 접착제로 또 무슨 일을 벌이면 안 될 것 같아."

"아빠한테 물어봤어?"

조지는 별 생각 없이 눈을 망원경에 대고 하늘과 도시 풍경을 이리저리 훑어보았다.

애니가 말했다.

"물어봤지. 그랬더니 뜬금없이 '내가 학교에서 화학 메달을 많이 받았었지!'라는 거야. 그래서 내가 '아빠! 메달이 무슨 상관이에요? 아빠 혹시 수능 시험 봤어요? 그럴 리가 없죠. 아빠는 중세 시대에 학교를 다녔고 양피지에 깃털 펜으로 공부했으니까요.'라고 했어."

"애니, 저것 좀 봐!"

조지가 애니의 말을 잘랐다.

"뭐?"

애니는 빈백 의자에서 벌떡 일어나서 조지의 어깨 너머로 망원

경의 뷰파인더를 들여다보려고 했다. 하지만 망원경은 필요 없었다. 폭스브리지에 벌어지는 일은 특별한 렌즈 없이도 똑똑히 볼 수 있었다.

수많은 사람이 꼬리에 꼬리를 물고 나와서 시내 중심가로 모여들고 있었다. 대부분 걸어서 갔지만, 자전거를 탄 사람도 있고, 스쿠터를 탄 사람도 있었다. 자동차들은 사람들에 둘러싸여서 앞으로도 뒤로도 가지 못하고 멈추어 섰다. 사람들은 사방에서 밀려들었고 모두가 시내 중앙 광장을 향해서 갔다.

"진짜 소그 족이 침공했나 봐!"

조지가 놀라서 말했다. 평소에 그들이 사는 도시 폭스브리지는 잠이라도 자듯 조용했다. 시내 중심가에도 대개는 관광객과 학생들뿐이었다. 이런 모습은 한 번도 본 적이 없었다.

"혹시 아이돌 그룹이 온 거 아냐?"

애니가 흥분해서 방방 뛰었다.

"그런 것 같아! 언디텍션이 기습적으로 온 거야! 언디텍션은 내가 최고 좋아하는 아이돌 그룹이라고! 지금 투어 공연 중인데, 트위터에 다음번 공연지는 어디가 될지 모르니까 주변을 잘 살펴보라고 썼거든. 조지, 우리도 저기에 가자!"

"글쎄, 그게 재미있을까?"

조지가 의심스럽게 말했다. 저 사람들의 파도를 뚫고 들어가려고 하다가는 바깥만 빙빙 돌거나 아니면 그 물결에 휩쓸릴 게 분명했다.

"당연히 재미있지!"

애니는 이미 사다리를 내려가고 있었다. 조지는 애니를 혼자 보낼 수 없어서 급하게 따라 내려갔고, 울타리 구멍을 통해 애니의 집으로 갔다가 다시 현관문으로 나왔다.

애니는 길을 맹렬히 달려서 폭스브리지 중심가로 이어지는 큰길로 나왔다.

"너네 엄마가 뭐라고 안 하실까?"

조지가 애니를 쫓아 달리면서 소리쳐 물었다. 모퉁이에서 애니를 따라잡을 뻔했지만, 애니는 빠르게 움직이는 사람들의 물결 속으로 사라졌다.

"엄마는 외출하면서 날 너네 집으로 보내셨어. 내가 엄마한테 문자 할게. 아, 그 오빠들이 노래도 부를까?"

애니가 사람들에게 휩쓸려 가면서 소리쳤다.

"그러지 못할 것 같은데."

조지가 중얼거렸다. 조지는 애니와 달리 아이돌 그룹이 아닌 폴아웃보이나 악틱몽키스 같은 록 밴드를 좋아했다.

조지는 간신히 애니의 손목을 잡고 손으로 수갑을 채우듯 감쌌다. 이렇게 사람이 많은 곳에서 애니를 잃어버릴 수는 없었다.

조지가 애니에게 소리쳤다.

"넘어지면 안 돼! 그러면 밟혀 죽어!"

그들은 이리저리 밀리면서 시내 중심 쪽으로 휩쓸려 갔다.

애니가 조지에게 소리쳤다.

"난 그 오빠 머리가 보고 싶어! 머리 모양이 얼마나 예쁜지 몰

라!"

애니의 침대 위에는 언디텍션의 리드 싱어가 나온 커다란 포스터가 붙어 있었고, 애니가 다른 사람이 없을 때면 사진 속의 살짝 헝클어진 머리카락을 쓰다듬는다는 것도 조지는 알고 있었다.

"어쩌면 그 오빠가 날 볼지도 몰라!"

조지는 조용히 콧방귀를 뀌었다. 조지와 애니를 이리 밀고 저리 밀면서 거대하게 흘러가는 이런 인파 속에서는 그 누구도, 아무것도 알아볼 수 없을 것이다. 조지는 언디텍션을 보든지 말든지 그들의 노래를 듣든지 말든지 아무 상관없었지만, 애니를 사람들 틈에 혼자 놔둘 수는 없었다.

탑과 조각상과 돌기둥으로 장식된 유서 깊은 건물들이 광장을 둘러싸고 있었다. 그런데 사람들이 광장으로 밀려들면서 분위기가 바뀌었다. 이전까지 사람들은 함께 모험에 참여하는 같은 팀원들처럼 온화한 분위기였다. 하지만 갑자기 분위기가 바뀌어서 여기저기서 과격하게 밀치고 당겼다.

"이야, 이거 상황이 험악해지는걸!"

조지가 애니의 손을 놓치지 않으려고 애쓰면서 말했다. 느낌이 좋지 않았다. 하지만 애니는 아직도 사랑하는 아이돌 그룹이 왔을 거라는 생각에 빠져서 분위기가 변한 것을 눈치채지 못한 듯했다.

거대한 함성이 일었다. 군중은 어떤 한 점을 향해 모이듯이 앞으로 밀고 나갔다. 하지만 폭스브리지 중심가에는 이제 사람이 수

백 명, 아니 어쩌면 수천 명이나 되었기 때문에 혼란을 피할 길이 없었다. 군중 가장자리에서 경찰이 호루라기를 불면서 질서를 지키라고 외쳤지만, 아무도 귀를 기울이지 않았다.

"이러다 언디텍션을 못 보겠어!"

애니는 자신이 다른 사람들보다 키가 훨씬 작다는 사실에 답답해서 어쩔 줄 몰라 했다.

조지는 앞 사람들 머리 너머를 보려고 펄쩍펄쩍 자리에서 뛰면서 말했다.

"아이돌 그룹 같은 거 안 보여. 큰 무대도 없고 공연 시설 같은 것도 없어."

"그렇지만……."

애니의 목소리를 묻으면서 머리 위로 헬리콥터가 나타나더니 배 부분의 금속이 보일 정도로 낮게 내려왔다. 헬리콥터 날개는 병에 갇혀서 화가 난 말벌처럼 정신없이 공중을 때렸다. 소리가 고막이 터질 듯 요란했다. 애니는 계속 떠들었지만, 조지는 애니의 입술이 움직이는 것만 보일 뿐 말소리는 하나도 듣지 못했다.

"안 들려!"

조지가 소리쳤다.

헬리콥터가 중심가 위에 떠 있자, 광장의 성난 군중은 도로 가장자리의 옛날 집들로 물러섰다. 조지가 하늘을 바라보니 공중에 파란색, 갈색, 보라색, 분홍색의 직사각형 종잇조각이 가득 휘날렸다. 그것이 헬리콥터에서 떨어지는 것 같지는 않았다. 그보다는 헬리콥터 날개가 일으키는 바람에 땅에서 날아올라서 빙글빙글 돌며 휘날리는 것 같았다.

조지는 그 종이들이 무엇인지 알 수 있었다.

"돈이야!"

조지가 애니에게 목이 터져라 소리쳤다.

"이게 다 지폐라고! 사람들이 여기 온 이유는……."

헬리콥터를 몰던 파일럿은 자신이 상황을 악화시킨다는 것을 깨닫고 그곳을 휙 떠나갔다. 하지만 조지는 계속해서 목이 터져라 소리쳤다.

"돈이야!"

조지가 조용한 허공에 대고 소리쳤다.

"돈이야!"

조지 옆의 청년도 함께 소리쳤다. 조지가 무슨 구호를 외친다고 생각한 것 같았다.

그러자 다른 사람들이 거기 가세해서 군중 전체가 소리쳤다.

"돈이야! 돈이야!"

그리고 펄쩍펄쩍 뛰면서 공중의 지폐를 잡으려고 했다. 돈을 잡은 사람들과 놓친 사람들 사이에 싸움이 일었다. 누군가 조지의 티셔츠를 잡고 협박했다.

"네 돈 내놔!"

"전 돈 없어요."

조지가 겁을 먹고 양 손바닥을 펼쳐 보이며 말했다. 남자는 즉시 조지의 멱살을 놓고 옆 사람을 협박하러 갔는데, 다행히 애니는 아니었다.

"여기서 나가야 돼."

조지가 애니의 귀에 대고 속삭였다.

애니는 돌아보고 고개를 끄덕였지만 얼굴은 충격으로 창백해져 있었다.

"어떻게?"

애니가 입 모양으로 물었다.

"따라와!"

조지가 말하고 사람들 사이를 빠져나가기 시작했다. 쉽지 않았지만 그래도 중간에 방해하는 사람을 만나지 않고 무사히 군중 사이를 빠져나올 수 있었다.

애니의 집에 돌아오자 그들은 냉장고를 열고, 에릭과 애니의 실험 재료들 말고 음식을 넣어 두는 칸을 뒤졌다.

"아아!"

애니는 차가운 주스를 꿀꺽꿀꺽 들이켰고, 조지는 큼직한 팬케이크를 베어 물었다. 애니는 아직도 시내 나들이의 충격으로 덜덜 떨었다.

"이야, 맛있다!"

조지는 이미 충격을 떨쳤다. 어쨌거나 조지는 늘 배가 고팠다.

"이거 네가 만든 거야?"

"아니."

애니가 대답했다.

"그래서 맛있나 보네."

조지의 말에 애니는 조지에게 행주를 휘둘렀다.

잠시 쉬고 있던 애니가 말했다.

"세상에 그런 난리라니! 언디텍션

은 보지도 못했는데!"

조지가 말했다.

"오지도 않은 것 같아. 사람들이 거기 간 건 아마 돈 이야기를 들어서인 것 같아."

애니가 스마트폰으로 트위터에 접속해 보더니 말했다.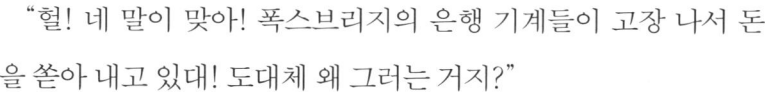

"헐! 네 말이 맞아! 폭스브리지의 은행 기계들이 고장 나서 돈을 쏟아 내고 있대! 도대체 왜 그러는 거지?"

조지가 팬케이크를 우물거리며 말했다.

"이상한 일이야. 무슨 컴퓨터 오류인가? 은행이 돈을 받지 않고 반대로 돈을 내보내다니."

"우리도 돈을 좀 집어 왔어야 되는데."

애니가 안타까운 듯이 말했다. 이제 마음을 좀 다스린 애니는 상황을 침착하게 돌아볼 수 있었다.

"그 돈으로 언디텍션 스타디움 공연 티켓을 살 수도 있었는데."

하지만 조지가 대답할 겨를도 없이 초인종이 울렸다. 애니가 현관으로 갔다.

"부모님 안 계실 때 아무한테나 문 열어 줘도 돼?"

조지가 애니를 따라가며 물었다.

"누가 왔는지만 볼 거야."

애니가 말하고 편지함을 통해 문 바깥에 대고 소리쳤다.

"누구세요?"

낭랑한 목소리가 대답했다.

"벨리스 교수님 앞으로 배송 왔습니다! '미래는 지금 여기' 재단이 보냈습니다."

"우아! 신난다!"

애니는 현관문을 열어젖혔다.

"서명할게요!"

애니는 작은 상자를 받을 것을 예상하고, 클립보드에 수취인 이름을 적었다. 하지만 놀랍게도 배송 직원은 '미래는 지금 여기'라는 글자가 적힌 빨간 승합차로 돌아가더니 뒷문을 활짝 열고

성인 남자 키만큼 큰 길쭉한 직사각형 상자를 내렸다. 그러더니 그걸 힘겹게 들고 현관문을 지나 복도 안쪽에 가져다 놓았다. 배송 직원은 애니에게 인사하고 미소를 지은 뒤 승합차로 돌아가서 배기가스도 뿜지 않고 휙 떠났다.

애니는 현관문을 닫고 조지와 함께 어리둥절한 얼굴로 그 길쭉한 상자를 바라보았다.

애니는 짐작이 안 된다는 표정이었다.

"그냥 집에서 실험할 무슨 장치겠지 했는데. 도대체 뭔지 모르겠네. 우리가 뜯어볼까?"

조지는 판단이 서지 않았다.

"모르겠어. 네 생각은?"

"음……."

애니가 고민을 하는데 상자가 알아서 결정을 하는 것 같았다. 둘의 눈앞에서 상자가 흔들렸다.

"어, 이게 움직이네!"

애니가 소리쳤다.

상자가 벽에 기대어 선 자세에서 똑바로 일어서려고 하는 것 같았다.

조지가 입을 딱 벌렸다가 천천히 말했다.

"안에서 소리가 나."

아니나 다를까 다시 한 번 상자 안에서—그러고 보니 상자는 길이와 폭이 정말로 사람만 했다―똑똑 두드리는 소리가 났다.

"나 좀 꺼내 줘……."

희미한 목소리가 들렸다.

"꺄아아악! 상자 안에 사람이 있어!"

애니가 비명을 질렀다.

조지가 고개를 갸우뚱하며 말했다.

"말도 안 돼! 사람을 택배로 보내지는 않아! 상자 안에 사람이 있을 수는 없어."

"아냐, 있어!"

애니는 조지 뒤로 몸을 피했다.

소포 테이프 찢는 소리가 나더니, 이어서 기다란 상자의 위쪽 부분이 펄렁 열렸다.

조지와 애니가 공포 속에 바라보는 가운데 길쭉한 다리 두 개가 차례로 상자에서 나왔다. 애니는 눈을 꽉 감았지만, 조지는 무서워도 상자 안에서 사람이 나오는 것을 지켜보았다. 그 사람은 트위드 양복을 입고, 두꺼운 안경을 썼으며, 머리는 진갈색이었다. 고개를 푹 숙이고 있어서 얼굴은 잘 보이지 않았지만, 그 사람이 누구를 닮았는지는 바로 알 수 있었다.

조지가 말했다.

"애니, 네가 봐야 될 것 같아."

"혹시 뱀파이어야?"

애니는 아직도 손으로 눈을 가린 채 조지의 귀에 속삭였다.

"그것보다 더 이상해."

조지가 대답했다.

"뱀파이어보다 더 이상하다고? 어떻게 뱀파이어보다 더 이상한 게 있을 수가 있어?"

"음, 너네 아빠? 너네 아빠라면 확실히 뱀파이어보다 더 이상하지. 그러니까 너네 아빠가 택배 상자에서 나온다면 말이야."

"우리 아빠가 상자에서 나와?"

애니가 말했다.

"근데 로봇이야."

조지가 덧붙였다.

"우리 아빠 로봇이 상자에서 나왔다고?"

애니의 높은 아이큐로도 이해하기 힘든 말인 것 같았다.

그것은 고개를 들었고, 그러면서 움직이기 시작했다. 조지가 말했듯이 그 로봇은 에릭의 얼굴이었지만, 이제 세월의 흔적이 조금씩 나타나는 진짜 에릭보다 새롭고 반짝거렸다. 하지만 로봇 에릭도 자신의 모델처럼 두꺼운 안경을 썼고, 고배율 안경 덕분에 눈이 아주 커 보였다.

"어라! 이게 뭐야?"

애니가 드디어 눈을 뜨고 말했다.

로봇은 직접 대답하기로 마음먹었는지 큰 소리로 외쳤다.

"ATVQ 1 0 XXX. 수직선! 수직선!"

조지는 사람처럼 생긴 로봇과 얼굴을 마주한 게 처음이었다. 아니 이런 로봇, 인간과 쏙 빼닮은 로봇을 만난 일 자체가 없었다. 그래서 로봇에게서 눈을 떼지 못했다. 평생토록 이렇게 환상적인 물건은 본 적이 없었다.

"뭐라고 그러는 거야?"

애니가 속삭여 물었다.

조지가 말했다.

"몰라, 우리 아빠가 아니라 너네 아빠 로봇이잖아. 어, 조심해! 우리 쪽으로 온다."

로봇은 두 아이를 향해 주춤주춤 다가오면서 혼자 떠들었다.

"M 이론이 시간을 개발하기 전의 시의 임의적 자극."

두 아이는 에릭과 똑 닮은 로봇에게서 물러났지만, 로봇은 계속 그들을 향해 다가왔다.

"호기심이 발동한 다양성 세포들이 표현했다 플레어 망원경 우주적 불행."

로봇은 계속 중얼거리며 다가왔고 조지와 애니는 복도에서 뒷걸음질을 쳤다.

"과학 사전을 삼켰나 봐."

애니가 나직하게 말했다.

"태양 방목자들의 유혹 규모 아스타틴 예언."

조지가 말했다.

"사전이 장착되기는 했는데, 사용법을 모르는 모양이야."

로봇이 신기하고 놀랍기는 했지만, 이것을 다루는 방법을 몰랐다. 로봇이 무슨 일을 벌일지 몰랐다.

애니가 낮은 목소리로 물었다.

"어떻게 하지? 이러다가는 이 가짜 아빠 로봇한테 밀려서 복도 구석에 처박히겠어."

조지와 애니는 로봇을 피해 놀이방으로 들어갔는데, 실수로 조지가 바닥에 있던 게임기를 밟았다. 그러자 TV가 켜지면서 조지와 애니가 마지막으로 했던, 애니가 수십만 점 차이로 이긴 댄스 게임이 나왔다. 신나는 댄스 음악이 방 안에 울려 퍼졌다. 갑자기 로봇이 눈을 번쩍 하더니 애니와 조지의 눈앞에서 TV 속 캐릭터들과 함께 춤을 추었다.

"자동으로 게임기랑 연결되나 봐!"

애니가 황당해하는 얼굴로 말했다.

조지가 대꾸했다.

"우아! 너네 아빠가 춤추는 모습이 어떨지 이제 이 로봇을 통해서 알 수 있네!"

"그러지 마! 도저히 못 보겠어!"

애니가 몸을 움찔했는데, 이번에는 무서워서가 아니라 민망해서였다.

하지만 금세 사고가 났다. 노래가 끝나자 로봇은 주변을 두리번거렸다. 로봇의 빨간 눈이 안락의자에 얌전히 놓인 애니의 낡은 곰 인형에게 가 닿았다. 로봇은 어떤 알 수 없는 이유로 곰 인형을 들어 올렸고, 다음 노래가 시작되자 인형과 함께 춤을 추었다. 하지만 로봇의 춤은 점점 이상해졌다. 곰과 함께 춤춘다기보다 기운 자국 가득한 그 낡은 인형을 찢어 버리려고 하는 것 같았다.

애니는 어린 시절의 인형이 위험에 빠졌다는 것을 알았다. 이제 인형을 가지고 놀 나이는 지났지만, 그것이 사람 흉내를 내는 로봇에게 공격당하게 둘 수는 없었다.

"그러지 마! 그거 내 인형이야!"

애니가 로봇에게 달려들었고, 로봇은 안락의자에 털썩 주저앉았다. 애니는 곰 인형을 빼앗으려고 로봇을 때렸다.

조지가 달려가서 애니와 로봇을 서로 떼어 내려고 할 때 뒤에서 익숙한 목소리가 들렸다.

"도대체 무슨 일이니?"

나의 로봇, 여러분의 로봇

로봇에 대해 글을 쓰는 것은 로봇을 만드는 것만큼이나 재미있다. 어렸을 때 나는 로봇 그림을 그리고, 로봇 이야기를 쓰고, 더 나아가서 종이 상자와 끈으로 로봇을 만들기도 했다. 이제 나는 진짜 로봇을 만들지만, 옛날이나 지금이나 변함없는 것은 로봇은 정말로 재미있다는 것이다.

작가, 과학자, 엔지니어. 이 셋의 공통점은 모두 상상력을 발휘해서 모든 일의 새로운 방법을 생각해 낸다는 점이다. 그리고 로봇과 관련되면 그 가능성은 끝이 없다. 사실 로봇을 진짜로 만들다 보면 온갖 문제가 나타난다. 하지만 모두가 재미있는 문제들, 고민할 만한 문제들이다. 이제부터 나는 로봇의 역사, 오늘날의 로봇, 그리고 앞으로의 로봇에 대한 이야기를 약간 해 보겠다.

인간은 아주 오래전부터 현실 속 존재와 비슷하게 생긴 기계를 만드는 꿈을 꾸었다. 최초의 로봇 중 하나는 기원전 250년 전 고대 그리스에서 만든 기계 하인이었다. 이 똑똑한 장치는 주전자에서 포도주를 자동으로 따라서 적당한 양의 물과 섞을 수 있었다! 이것을 발명한 비잔티움의 필로—필로 메카니쿠스라고도 불렸다—는 여러 가지 놀라운 기계 장치를 고안했는데, 이 포도주 하인 자동인형이 가장 인기가 많았다. 그중에는 수력으로 지저귀는 새도 있었다.

18세기에는 자동인형이 큰 인기였다. 발명가들은 새로운 시계태엽 기술을 사용해서 살아 있는 인형처럼 악기를 연주하고 마술을 하고 심지어 그림도 그리고 글도 쓰는 멋진 장치들을 만들었다. 그리고 이런 장치를 가지고 유럽의 궁정을 순회하며 많은 돈을 벌었다. 바야흐로 시계태엽 로봇의 시대였다. 그 시절에는 마법처럼 보였지만, 오늘날 보면 인형의 얼굴을 하고 태엽 장치로 점프하고 진동하고 삐걱대는 작은 몸통이 '생명 없는 생명체'처럼 보여서 약간 오싹하다.

하지만 그런 것들을 토대로 이후 스위스의 시계공 앙리 마야르데는 자동인형을 만들었다. 이 인형은 그림을 그리고 시를 썼으며, 오늘날의 용어로 표현하면 프로그램이 가능

했다. 자동인형의 카드 투입기에 어떤 카드를 꽂느냐에 따라 기계가 다른 그림을 그렸기 때문이다. 로봇의 본질도 대부분 이와 비슷하다. 몸통이 있고, 움직이는 방식과 하는 일의 목록, 동력 제공 방법이 정해져 있다.

하지만 우리와 함께 살아가는 로봇이 모두 인간처럼 생긴 것은 아니다. 무슨 일을 하느냐에 따라서 로봇의 모양과 형태는 다양하다. 현대의 자동차 공장에서는 로봇이 부품을 집어서 용접해 붙인다. 심지어 이제는 컴퓨터조차 산업용 로봇이 여러 가지 부품을 정확한 자리에 배치해서 만들곤 한다. 로봇은 피로나 지루함을 느끼지 않고 일을 할 수 있다. 이 로봇들은 시계태엽 대신 전기로 움직이며, 단순하고 반복적인 일을 한다. 정해진 일만 하고 다른 일은 하지 않는다. 로봇들은 자신의 세계를 이해할 필요도 없다.

하지만 이런 경우는 어떨까? 목장에 우유 짜는 로봇이 있다고 상상해 보자. 이런 로봇은 훨씬 더 똑똑해야 한다. 젖소는 정해진 시간에 정해진 자리에만 있지 않기 때문이다. 이런 목장 로봇은 상황을 보고 결정을 내리는 능력이 있어야 한다. 소가 들어오면 로봇은 소젖의 위치를 파악하고 거기 우유 흡입기를 대서 우유를 짜야 한다. 그러기 위해서는 카메라에 찍힌 사진을 이해하고, 흡입기를 올바른 자리에 안전하고 부드럽게 댈 수 있어야 한다. 이 일을 잘하지 못하면 문제가 생긴다!

보기나 이동하기 같은 과제는 겉으로는 쉬워 보여도, 기계에게는 아주 어려운 일이다. 우리는 두뇌의 절반 정도를 (머리 뒤쪽의 시각피질이라는 부분을 포함해서) 주변의 세계를 이해하는 데 쓰고 있고, 우리 두뇌 중심부에 있는 커다란 덩어리—운동피질이라고 하는—가 원하는 행동을 하려면 근육을 어떻게 움직여야 하는지를 생각한다. 인간 두뇌는 항상 헤아릴 수 없이 많은 계산을 하지만 우리에게는 단순한 일도 로봇에게 시킬 때는 분명한 명령—수천 행의 컴퓨터 코드—으로 바꾸어야 한다. 그리고 아직 인간 두뇌가 어떻게 이런 훌륭하고 복잡한 계산을 다 하는지 정확히 알지 못하기 때문에, 그

나의 로봇, 여러분의 로봇

것을 흉내 내는 기계를 만들기가 어렵다. 하지만 다행히도 아까 목장 로봇으로 돌아가 보면, 현재 우리가 가진 제한된 지식만으로도 많은 일을 해내고 젖소들을 행복하게 해 줄 만한 지능의 로봇은 만들 수 있다.

로봇의 아이디어는 어디에서든 얻을 수 있다. 예를 들면 어떤 과학자들은 곤충의 지능을 연구한다. 곤충은 인간보다 두뇌 속에 서로 연결된 신경 세포—뉴런—의 수가 훨씬 적고 구조도 훨씬 단순하지만 그래도 똑똑하기 때문이다. 곤충은 힘든 세상에서 살아 남아야 한다. (파리를 잡으려고 해 보라!) 실제로 이런 사례를 사용해서 자동차들이 자동으로 충돌을 피하게 하는 자동차용 로봇 장치가 만들어졌다. 이 장치의 아이디어는 파리의 두뇌 연구에서 왔다.

하지만 사고가 생기면 어떻게 해야 할까? 그것은 누구 책임일까? 자동차 운전자? 자동차 회사? 아니면 파리? 지능형 로봇이 우리와 함께 살기 시작하면 이런 질문이 많이 생겨날 수 있다.

인간 세상에 로봇을 받아들이는 것은 복잡한 일이고, 그에 대한 우리의 생각은 우리가 어떤 세상에 사느냐에 따라 달라질 수도 있다. 서양 사람들은 로봇이 세상을 정복할 거라고 불길하게 생각하는 경향이 있는데, 이것은 흔히 영화나 TV 속 로봇들에서 영향을 받은 것이다. 반면 동아시아에는 로봇이 영웅적인 캐릭터로 활약하는 이야기가 많다.

'불쾌한 골짜기'라는 이론을 주장하는 과학자들도 있다. 로봇이 점점 사람의 모습과 닮아갈수록 로봇에 대한 호감도가 증가하다가 어느 정도에 도달하면 갑자기 강한 거부감을 느낀다. 그러다가 로봇의 외모와 행동이 인간과 구분이 불가능할 정도가 되면 다시 호감도가 높아진다는 것이 바로 불쾌한 골짜기 이론이다. 자동인형 시대부터 많은 사람들이 살아 있는 인형을 보면 섬뜩함을 느꼈다. 무언가 이상해 보이고, 함께 있기 불편

해한다.

오늘날은 전자공학과 컴퓨터 과학이 인간 팔다리의 움직임뿐 아니라 두뇌 속 뉴런의 작동법까지 흉내 낼 수 있기 때문에, 훨씬 더 실제 인간 같은 로봇을 만들 수 있지만, 그래도 아직은 완벽과 거리가 멀다. 이런 안드로이드—인간 같은 로봇—들은 시계태엽 톱니바퀴 대신 전기 모터로 움직이고, 우리 두뇌 속 수많은 뉴런의 작동 방식을 흉내 내는 복잡한 컴퓨터 프로그램을 장착하고 있지만, 자연스럽게 계단을 오르지도, 공을 잡지도, 비단과 사포를 구별하지도 못한다. 그것들은 사람 얼굴과 표정을 분명히 인식하지도 못하고, 시끄러운 방에서 특정한 목소리를 찾지도 못한다. 또 말도 못하고 반응하지도 못하며, 우리가 동료 인간에게 기대하는 것처럼 자연스럽게 우리와 세상을 이해하지도 못한다. 그것들은 '완벽과 거리가 멀기 때문에' 우리가 받아들이기 어렵다.

하지만 오늘날의 로봇이 희망이 아주 없는 것은 아니다. 우리의 두뇌에는 한 가지 절묘한 방법이 있다. 1940년대에 하이더와 짐멜은 한 가지 고전적인 실험을 했다. 사람들에게 여러 가지 모양의 도형이 별다른 규칙 없이 스크린 위를 움직이는 모습을 보여 준 뒤 무엇을 보았느냐고 물었다. 많은 사람이 사각형이 원과 사랑에 빠졌다거나 큰 삼각형이 작은 삼각형을 추적한다는 등의 이야기를 만들어 냈다. 똑똑하고 거대한 학습 기계인 우리 두뇌가 학습하는 방법 가운데 하나는 우리 세계를 기억하고 이해하기 쉽게 이야기를 만드는 것이다. 우리가 로봇을 볼 때, 우리 두뇌는 현재의 과학 기술이 아직 채우지 못한 구멍을 메우려는 경향이 있어서 자연스럽게 로봇에게 성격이 있고, 실제보다 더 똑똑하다고 여기게 된다. 로봇 제작자들은 흔히 이런 이야기를 더 현실적으로 만들 수 있는 실마리를 제공해 주고, 그것은 사람들이 로봇을 받아들이고 사용하는 데 도움이 된다.

나의 로봇, 여러분의 로봇

예를 들어 로봇과 관련된 중요 문제 중 하나는 동력원이다. 배터리가 떨어지면 로봇은 동작을 멈추지만, 로봇을 항상 콘센트에 연결해 놓을 수는 없다. 이 문제를 해결하기 위해 로봇에게 전원을 공급하는 것을 이야기로 만드는 방법이 있다. 과학자들이 요양원 노인들의 정서 안정을 위해 아기 물범 로봇을 만든 경우가 그 좋은 예이다. 사람들은 이 로봇에게 '밥을 먹이기' 위해 가짜 젖꼭지를 물렸는데, 그것은 실제로는 배터리 충전기였다. 그래서 재충전이 로봇 이야기의 일부가 되었다.

내 계획 가운데는 로봇 공룡의 배터리 수치가 낮아지면 로봇이 '잠이 들어서' 휴대 전화로 옮겨 가고, 거기서 가상 이미지로 우리하고 계속 노는 게 있었다. (그러는 동안 누군가 실제 로봇을 충전한다.) 그런 뒤 휴대 전화에서 잠이 들었다가 로봇 몸으로 깨어나면서 휴대 전화에서 한 일을 기억하는 것이다. 여러분도 이런 식의 로봇 이야기를 생각해 낼 수 있지 않은가?

얼마나 시간이 흘러야 로봇 정치인이 생겨날까? 어쨌거나 로봇은 모든 사실에 토대해서 결정을 내리고, 또 뇌물을 받지도 않을 테니까. 비행기를 조종하고, 기차와 자동차를 운전하고, 교실에서 학생들을 가르치고, 집안일과 회사 일을 도와주고, 수술을 하고, 스스로 결정을 해서 총포를 쏘며 전투를 수행할 로봇은 언제 생겨날까? 이미 이런 로봇의 기본 형태들은 있지만 지금은 언제나 사람이 그 로봇들을 조종해야 한다. 앞으로도 계속 그래야 할까? 어쨌거나 사람은 늘 실수를 한다. 로봇이 사람보다 더 잘할 수 없을까?

신경학의 발전 덕분에 우리는 몸 안에 들어가서 잘못된 것을 고쳐 주고 심지어 개선까

지해 주는 마이크로로봇을 만들 수 있을 것이다. 이런 로봇은 우리 몸과 마음을 외부 기술과 연결해 주고, 신종 인류인 트랜스휴먼—로봇과 인간의 혼종—을 만들 것이다. 이런 일이 악몽을 불러올까? 아니면 장애인의 삶을 개선하고 인류에게 새롭고 멋진 능력을 주게 될까? 그것은 아무도 모른다. 바로 여러분이 그런 미래의 로봇을 만들게 될지도 모른다.

내가 이 길을 걷게 된 것도 책을 읽고, 아이디어를 궁리하고, 로봇에 대해 꿈꾸던 것이 시작이었다. 일곱 살 때 나는 상자와 끈으로 로봇 '빌리'를 만들었다. (아직도 빌리를 갖고 있다.) 그런 뒤 많은 것을 꿈꾸었다. 나는 지금 쉰 살이고, 그동안 춤추는 로봇, 아이들에게 체스를 가르치는 로봇, 노인들의 생활을 도와주는 로봇, 회사 일을 함께 하는 로봇을 만들었다. 내 어떤 로봇도 세계 정복을 꿈꾸지 않았다!

나는 창의적인 수많은 과학자 및 엔지니어와 함께 일하며 어린 시절의 로봇 꿈을 현실로 만들었다. 종이 상자와 끈이 수학, 전자공학, 컴퓨터로 바뀌었지만, 내 로봇들은 모두 '빌리'의 자랑스러운 동생들이다.

그것들은 나의 로봇이고 나는 아직도 로봇을 만드는 일이 즐겁다.

여러분의 로봇은 어떤 모습이 될까?

피터

5장

"진짜 아빠다!"

애니가 소리쳤다.

"진짜 아빠라니, 가짜 아빠도 있니?"

에릭이 물었다.

"네!"

애니가 덜덜 떨면서 이제 안락의자에 삐딱하게 앉았지만 여전히 손에서 애니의 곰 인형을 놓지 않고 있는 안드로이드를 가리켰다. 로봇의 눈에서 빛이 사라졌는데, 그것은 스위치가 꺼졌다는 뜻인 것 같았다.

"오, 내 개인 로봇! 드디어 왔구나!"

에릭이 로봇 대신 눈을 반짝이며 말했다.

"아빠의 뭐라고요?"

"이건 내 도우미 로봇이야. 그냥 이봇이라고 부르렴."

에릭은 애니에게 말한 뒤 꼼짝 않고 앉아 있는 로봇 앞으로 다가갔다.

"아주 오래전에 주문했지. 나를 모델로 한 로봇이야. 심지어 지문 같은 내 생체 특징도 똑같아서 어떤 감지 기계들은 우리 둘을 잘 구별하지 못할 거야. 이게 언제 도착했니?"

조지가 대답했다.

"방금 전에요! 광장에 나갔다가 돌아오니까……."

그러자 에릭이 로봇에게서 돌아섰다.

"광장에는 뭐 하러 갔니? 왜 시내에 나간 거지? 집에 가만히 있지 않고?"

조지가 순순히 설명했다.

"애니랑 저랑 제 나무 집에서 바깥이 시끌시끌한 걸 봤어요. 그래서 무슨 일인가 궁금해서 나간 거예요. 그런 일이 있을 줄은 몰랐어요."

애니는 자기가 아이돌 그룹을 보러 가자고 한 부분을 조지가 말하지 않은 것에 감사의 미소를 보냈다.

에릭의 눈이 커졌다.

"하지만 오늘 오후는 폭스브리지 역사상 가장 위험한 시간이었어. 너희가 거기 있었다니 기가 막히구나! 나도 퇴근할 때 빙 돌아서 왔어. 사람들이 은행에서 나온 돈을 가지려고 싸우느라 시내가 아직도 막혀 있거든. 다치진 않았니?"

조지와 애니는 고개를 저었다.

애니가 스마트폰을 보면서 말했다.

"폭스브리지뿐이 아니에요! 다른 데도 다 똑같아요! 전 세계에서 똑같은 일이 벌어지고 있어요!"

에릭아 심각하게 말했다.

"나도 알고 있어. 이걸 좀 보렴."

그는 가방에서 아이패드를 꺼냈다. 그리고 아이들에게 난동이 벌어지는 동영상을 보여 주었다. 뒤쪽에 에펠탑이 뚜렷이 보였다. 사람들 머리 위로 파란색, 녹색, 갈색 종잇조각이 떠다녔고, 사람들은 그걸 잡으려고 난리 법석이었다.

"그리고 뉴욕도."

에릭은 다른 동영상을 보여 주었다. 고층 건물들 사이로 난 대로에서 노란 택시들이 경적을 빵빵 울리는 가운데 똑같은 장면이 펼쳐졌다. 다른 점이라면 종잇조각이 모두 녹색이라는 점뿐이었다. 거리거리마다 사람들이 바람에 날리는 지폐를 잡으려고 정신없이 뛰어다녔다.

에릭이 스크린을 터치하자, 흰 모래 해변이 펼쳐진 다른 도시가 보였다. 거대한 석상이 높은 산꼭대기에 두 팔을 쫙 벌리고 서 있었다.

에릭이 말했다.

"브라질의 리우데자네이루야. 그런데 봐."

이번에는 그런 일이 어떻게 시작됐는지가 영상에 담겨 있었다. 리우의 평범한 거리에 있는 어느 은행 기계에서 갑자기 돈이 쏟아져 나왔다. 길을 지나가던 한 사람이 돈을 보고 놀라서 가던 길을 되돌아온다. 그리고 주변을 슬그머니 살피더니 주머니에 지폐를 쑤셔 넣는다. 금세 다른 사람들도 가세해서 돈을 주우려고 서로를 밀친다. 그러더니 장면이 바뀌어서 대도시 리우 전역에서 모든 현금 기계가 똑같이 지폐를 쏟아 내는 모습이 나타났다. 처음에는 어떤 행인이 우연히 돈을 발견하고, 잠시 후에는 싸움이 나는 일이 반복됐다.

에릭이 말했다.

"전 세계가 다 그래. 여기는 중국 베이징이야."

자금성 위로 붉은 위안화 지폐가 떠다녔다. 로마의 성 베드로 광장에서는 유로화가 짓밟혔다. 이스탄불의 그랜드 바자르에서는 수천 명의 사람이 보라색 리라화를 잡으려고 뛰어다녔다. 루피화 지폐는 인도 델리의 좁은 골목골목을 날벌레 떼처럼 맴돌았다.

에릭이 다시 말했다.

"사방에서 돈이 쏟아져 나오고 있어. 전 세계의 은행 전산 시스템에 엄청난 문제가 생겨서 현금 기계들이 전부 돈을 쏟아 내는 것 같아."

애니가 소리쳤다.

"이건 좋은 일 아니에요? 이 세상에는 먹을 걸 살 돈도, 아이들 신발을 사 줄 돈도 없는 사람들이 많은데, 은행에는 돈이 잔뜩 쌓여 있잖아요. 사람들이 굶주리건 말건 은행은 부자라고요. 그런데 은행이 그 돈을 세상에 나누어 준 거예요. 멋진 일이죠. 세상이 이제야 제대로 돌아가는 것 아닌가요?"

애니가 에릭과 조지를 번갈아 보며 말했다.

조지는 애니의 말에 대해 생각해 보았다. 애니와 달리 조지는 집안 형편이 좋지 않았기 때문에 주변 아이들이 누리는 많은 것—새 옷, 컴퓨터, 스키 여행, 외식—을 경험하지 못했다. 하지만 만약 이런 식으로 자신에게 돈이 생긴다면 원하는 걸 살 수 있어서 좋기는 하겠지만, 이 일 자체가 좋은 일이라고는 생각되지 않았다. 이 일은 어딘가에 있는 누군가가 사람들에게 아무 의견도 묻지도 않고 그들의 삶의 방식을 결정해 준 것 같았다. 어쨌건 은행이 쏟아 내는 돈이 누구의 돈이란 말인가? 부자의 돈일 수도 있지만, 노인이나 가난한 사람들이 저축한 돈일 수도 있다. 그런데 그 사람들 돈이 이렇게 사라진다면 그게 공정한 일일까?

에릭이 말했다.

"그래, 맞는 말이야. 세상은 부를 좀 더 공평하게 나누어야 해. 억만장자들이 간식에 쓰는 돈이 평범한 사람들이 평생을 버는 돈보다도 많지. 하지만 오늘 벌어진 일이 그런 문제에 대한 해답은 아닌 것 같구나."

조지가 물었다.

"그런데 어쩌다 이런 일이 생긴 걸까요? 어떻게 전 세계의 모든 기계가 동시에 잘못될 수가 있죠?"

"그건 나도 모르겠다! 아는 사람이 있을까? 한 가지는 분명해. 내가 그걸 알아내야 한다는 거. 이건 컴퓨터와 관련된 문제 같은데, 나는 정부의 '정보 기술 자문 위원'이니까. 아무래도 이 문제로 정부에 불려 갈 것 같다."

그는 로봇을 보고 한숨을 쉬었다.

"안타깝게도 집에서 이봇을 작동시켜 볼 시간이 없을 것 같구나. 이봇이 담겨 온 상자는 어디 있니? 아마 부속품이 딸려 왔을 텐데."

애니가 펄쩍 뛰더니 복도로 달려갔다. 커다란 종이 상자를 뒤지는 소리가 났고, 잠시 후 애니가 매끈한 검은 가방을 가지고 돌아와서 에릭에게 건넸다.

"좋구나!"

에릭은 가방에서 보라색 렌즈에 양옆에는 이상한 부착물이 달린 안경을 꺼냈다. 그가 안경을 쓰고 눈썹을 씰룩거리자 의자의 로봇이 벌떡 되살아났다.

에릭이 유쾌하게 말했다.

"이건 원격 조종 안경이야. 특별 주문했지! 이걸 쓰면 명령도 내리고 이봇의 눈에 비친 모습도 볼 수 있어!"

그는 가방 안에서 장갑 한 켤레도 꺼냈다.

"이건 촉각 장갑."

에릭이 말하며 장갑을 꼈다. 그리고 손을 흔들자 이봇도 똑같이 손을 흔들었다.

그때 에릭의 휴대 전화가 울렸다. 에릭이 손을 주머니로 뻗었다. 그러자 이봇도 똑같이 주머니에 손을 넣더니 상상의 휴대 전

화를 꺼내서 귀에다 댔다.

"네…… 정말요? 아, 안 돼요! 바로 갈게요."

에릭이 말하는 동안 이봇은 그를 똑같이 흉내 냈다.

에릭이 전화를 끊고 애니와 조지를 돌아보았다.

"얘들아, 너희가 이봇을 돌보렴. 여기 안경이 있어."

그는 안경을 애니에게 건넸다.

"이건 장갑이고."

장갑은 조지에게 주었다.

"난 당장 나가 봐야겠다."

에릭의 얼굴에는 이미 그가 거대한 두뇌를 작동시키고 새로운

문제를 생각할 때마다 떠오르는 멍한 표정이 있었다.

"무슨 일이에요?"

애니는 안경을 쓰고 펄쩍펄쩍 뛰어 보았다.

"와, 이거 진짜 신기한데. 내 모습이 보여. 그런데 이봇이 나를 보는 모습으로! 완전 이상해. 내가 텔레비전에 나오는 것 같아. 끝내준다!"

조지도 장갑을 끼고 이봇이 두 손을 번갈아 들게 해 보았다. 자신의 명령을 그대로 따르는 기계라니, 환상적이었다! 사람들하고 어울리는 것보다 이런 게 훨씬 좋았다. 사람들은 도무지 예상할 수 없는 방식으로 제멋대로 행동하기 일쑤니까.

"총리님하고 회의를 하러 가야 돼."

에릭이 물건을 챙기면서 말했다.

애니가 소리쳐 물었다.

"총리님이 왜요?"

에릭이 대답했다.

"이 많은 은행이 동시에 돈을 내보내는 일이 어떻게 가능한 건지 설명을 듣고 싶으시대. 사이버 테러가 아닐까 해서. 경제 시스템에 무슨 일이 생긴 건지 살펴보고 이런 일이 다시 일어나지 않게 해야 돼."

조지가 물었다.

"이게 사이버 테러예요? 어젯밤 베릴 선생님이 말씀하신 것처럼 누군가 비밀 메시지를 가로채고 읽고 그 정보를 사용해서?"

에릭이 고개를 끄덕였다.

"그럴 수도 있어. 하지만 이상해. 각기 다른 나라의 각기 다른 은행들이 어떻게 동시에 공격을 받은 걸까? 그건 보통 일이 아닐 테고, 누구도 그만한 일을 할 컴퓨터는 없을 거야. 어쨌거나 난 가야겠다. 총리님이 인터넷이나 전화로 이야기하는 것보다는 직접 만나는 걸 원하시니까. 말썽 피우지 말고 얌전히 있거라!"

에릭은 그렇게 말하고 현관 밖으로 휙 사라졌다.

조지와 애니와 이봇은 모두 그의 등 뒤에 대고 손을 흔들었다. 침묵이 흘렀지만 금세 깨졌다.

애니가 말했다.

"이제 뭘 하지? 로봇 아빠가 있으니까 밖에 나가서 폭스브리지의 소동을 구경해도 되지 않을까?"

하지만 조지의 생각은 달랐다.

"이봇은 진짜 어른이 아니야. 그리고 우리가 군중 틈에 들어갔다가 이봇을 잃어버리면, 너네 아빠가 좋아하시겠어?"

"아빠는 몰라! 원격 안경이 우리한테 있잖아. 그러니까 아빠는 우리가 어디로 갔는지 알아낼 방법이 없다는 뜻이지."

"흠……."

조지가 턱을 긁자 이봇도 따라 했다.

그 순간 그들의 귀에 다른 소리가 들렸다. 복도를 두드리는 작은 발소리와 높은 비명 소리였다. 잠시 후 아주 지저분한 여자 아기 둘이 방으로 뛰어 들어왔다. 주노와 헤라는 조지를 보자 비명을 꺅꺅 지르며 달려들었다. 조지에게 끈끈한 포옹과 질척한 뽀뽀를 퍼부었다. 조지가 그것을 막으려고 허우적거리자 이봇도 뒤에서 똑같이 따라 했다.

"으으."

조지는 뺨에 묻은 침을 닦아 냈다.

애니가 놀라서 물었다.

"얘들이 어떻게 들어왔지?"

"내가 뭐라고 그랬어."

조지가 안락의자에 털썩 쓰러져서 말했고, 두 여동생이 이내 조지를 감쌌다. 이봇은 어색하게 조지의 동작을 따라 했다. 불쌍한 로봇은 안아 줄 사람도 앉을 의자도 없었기 때문에 그 모습은 정말 이상했다.

"못 가는 데가 없다고 그랬잖아."

그때 애니의 엄마 수잔이 방 안으로 고개를 내밀고 밝은 목소리로 말했다.

"안녕, 얘들아! 이런 세상에! 저 로봇이 뭐 하고 있는 거니? 왜 저렇게 이상하게 서 있지?"

"저도 몰라요."

해킹

해킹이란 컴퓨터 소프트웨어나 설정의 약점을 찾아내서 몰래 그 안으로 침투하는 일을 말하고, 해커는 그런 일을 하는 사람을 가리킨다.

- '화이트 해커'는 컴퓨터 주인의 허락을 받고 컴퓨터의 안전을 테스트하기 위해 그런 일을 한다.
- 하지만 흔히 해커는 '블랙 해커'를 가리킨다. 이들은 장난을 치거나 범죄를 저지르기 위해 해킹을 한다. 컴퓨터가 인터넷에 연결되어 있다면, 세계 어딘가에서 해커가 그 안으로 침투하려고 작업하고 있을 수도 있다!

봇 부대

해커는 때로 많은 인터넷 주소를 자동으로 찾아가는 소프트웨어를 사용해서 공격을 한다. 이런 공격은 심지어 이웃의 컴퓨터에서—그 컴퓨터 사용자는 전혀 모르는 상태로—올 수도 있다. 그 컴퓨터는 이미 해커의 손에 넘어가서 '봇 부대'를 이루고 있는 것이다! 이렇게 오염된 많은 컴퓨터를 조종하는 해커는 거의 다른 나라에 있어서 추적하기 어려울 때가 많다.

멀웨어

이메일의 첨부 파일이나 페이스북 같은 SNS의 링크도 멀웨어가 될 수 있다. 멀웨어란 해커가 내 컴퓨터에 침투하게 만들어 주는 악성 소프트웨어다. 멀웨어에는 다음과 같은 것들이 있다.

- 컴퓨터 파일에 들어가서 다른 컴퓨터로 퍼져 나가는 컴퓨터 바이러스—바이러스들은 사진을 지우거나 텍스트를 알 수 없는 문자로 바꾸기도 한다. 바이러스 때문에 내가 한 숙제가 전부 날아가면 기분이 어떨까?
- 내가 어떤 자판을 누르는지, 컴퓨터로 어떤 활동을 하는지 기록해서 해커에게 보내주는 프로그램—해커는 이를 통해 인터넷 쇼핑에 쓰는 비밀번호와 신용카드 번호를 알아낸다.
- 내 컴퓨터를 해커에게 직접 연결해서 해커가 마음대로 조종하게 만들어 주는 프로그램—내 컴퓨터가 봇 부대가 된 것이다!

해커가 해킹을 하는 이유

해커가 해킹을 하는 이유는 다음과 같다.

- 해킹이 재미있고 스릴 있어서
- 어떤 사람들은 특정 단체의 방침에 반대해서 그곳을 괴롭히기 위해 개인 데이터를 확보, 공개하거나 그 웹사이트를 망가뜨리려고 한다. 그 가운데는 그들이 거느린 모든 컴퓨터로 동시에 같은 웹사이트에 접속을 시도해서 사이트를 다운시키는 방법도 있다. 이것을 분산 서비스 거부 공격(디도스 공격)이라고 한다.
- 해커들 가운데는 사람들의 돈을 빼앗기 위해 해킹을 하는 범죄자가 가장 많다! 이들은 다른 사람들의 비밀번호와 개인 정보를 알아내서 남의 돈으로 물건을 사거나 남의 은행 계좌에서 돈을 훔치려고 한다. 또 온라인상에서 다른 사람의 신원을 도용해서 불법을 저지르거나, 남의 컴퓨터를 봇 부대로 만들어서 다른 사람을 공격하기도 한다.

해킹의 방법

1. 물리적 공격

컴퓨터를 통째로 훔쳐 갈 수도 있다. 그러면 컴퓨터에 아무리 강력한 비밀번호를 걸어놓았다 해도 절도범이 내 컴퓨터의 모든 파일을 열어 볼 수 있다. 하드 드라이브 속의 모든 파일이 해커의 손에 들어가서, 그는 음악도 듣고, 사진

도 보고, 심지어 내 개인 블로그와 내가 친구에게 보낸 이메일도 볼 수 있다.

해커를 막으려면? 노트북 컴퓨터 소유자라면 잃기 싫거나 남에게 보이고 싶지 않은 데이터를 보관하는 데 주의를 기울여야 한다. 노트북은 도난당하기 쉽기 때문이다. 그리고 집에 백업 파일을 만들어 두어야 한다.

2. 소프트웨어 공격

컴퓨터가 인터넷에 연결되어 있다면, 그 컴퓨터의 소프트웨어에 문제가 있을 경우 해커가 네트워크를 통해 원격 접속을 하도록 허락해 줄 수도 있다. 이런 약점 때문에 해커가 나도 모르게 내 컴퓨터에서 프로그램을 돌리는 경우도 있다. 또 해커가 컴퓨터 소프트웨어 제작자보다 먼저 이런 보안 구멍을 알게 돼서 그 문제가 고쳐지기 전에 재빨리 그 점을 악용하는 경우도 있다. 이를 '제로 데이' 공격이라고 한다. 프로그램의 취약성이 사람들에게 알려지기 전에 일어나기 때문이다.

해커를 막으려면! 소프트웨어 회사들은 취약점을 고치는 업데이트(패치)를 만들어서 배포한다. 요즘은 대개 컴퓨터가 알아서 패치가 나왔다고 알려 주는데, 그러면 이것을 반드시 설치해야 한다. 부모님의 컴퓨터라면 부모님께 업데이트를 요청해야 한다. 설치하지 않으면 개인 정보를 포함한 그 안의 데이터도 다 위험해질 수 있다. 그리고 인터넷에 연결된 컴퓨터라면 방화벽을 작동시킨다. 방화벽은 내가 요청하지 않은 상대는 인터넷을 통해 내 컴퓨터에 접속하지 못하게 차단해 주는 장벽이다.

3. 사용자 공격

해커는 컴퓨터 사용자에게 어떤 행동을 하도록 유인하기도 한다. 예를 들면 이메일을 보내서 어떤 링크를 클릭하거나 첨부 파일을 열어 보라고 하기도 하고, 내가 즐겨 찾는 사이트처럼 보이는 가짜 사이트를 만들어 놓기도 한다. 이메일은 절대 안전하지 않다. 다른 사람의 이름으로 이메일을 보낼 수도 있고, 진짜 같은 링크를 첨부할 수도 있다. 그러므로 예상치 못한 메시지는 해커가 보낸 것일 가능성이 있고, 거기 첨부된 파일은 고약한 멀웨어일 수 있다.

해커를 막으려면! 이메일의 낯선 첨부 파일은 열면 안 된다. 아는 사람이 보낸 것 같고, 재미있어 보여도 조심해야 한다! 친구가 정말로 아무 말도 없이 링크 하나만 덜렁 보낼까? 가짜 웹페이지도 조심해야 한다. 진짜 사이트라는 게 확실하지 않으면 절대로 아이디와 비밀번호를 입력하면 안 된다. 난데없이 튀어나오는 링크도 클릭하지 말아야 한다. 링크 자체에 악성 코드가 심어져 있을 수 있기 때문이다. 언제나 조심해야 한다!

> 해커들을 편하게 만들어 주면 안 돼! 비밀번호는 아주 중요하다. 쉬운 비밀번호(10글자가 안 되거나 자신의 이름처럼 뻔한 것이 들어가거나 특수 부호가 없는)는 해커가 쉽게 풀 수 있다. 그러므로 항상 비밀번호를 복잡하게 만들어야 한다. '비밀번호' 같은 걸 비밀번호로 하거나 모든 비밀번호를 똑같이 설정하는 일은 피해야 한다.

애니가 말했다.

수잔은 원래 과학 기술을 별로 좋아하는 사람이 아니었다. 하지만 그것들은 수잔이 대학원생 시절 에릭과 결혼하면서 예상했던 것보다 더 크게 수잔의 인생을 지배하고 있었다.

수잔이 말했다.

"여동생들을 데리고 오다니 착하구나, 조지. 하지만 아기들이 집 밖에 있기에는 조금 늦은 시간 아니니? 이제 집에 데려가야 할 것 같다. 그리고 애니, 너도 중간 방학 숙제를 해야지."

조지는 실망했지만, 티 내지 않으려고 했다. 조지는 이봇 작동법을 알아내고 싶었고, 아까 폭스브리지 시내에서 벌어진 일을 두고 애니와 이야기도 더 하고 싶었다. 하지만 이제 여동생들 때문에 두 가지 다 할 수 없었다. 조지는 쌍둥이를 겨드랑이에 한 명씩 끼고 일어나자, 여동생들이 짧은 다리로 발버둥을 쳤다. 조지의 등 뒤에서 이봇이 그의 동작을 똑같이 흉내 냈다.

"세상에! 이 로봇은 너희 아빠랑 똑같이 생겼구나!"

수잔이 이번에는 이봇을 제대로 보고서 말했다.

애니가 한숨을 쉬었다.

"알아요. 하지만 어떻게 된 일인지 저한테 묻지는 마세요."

수잔은 성난 목소리로 말했다.

"무슨 일이든 내가 가장 늦게 아는 게 하루 이틀 일이니? 이 집 사람들은 나한테 아무것도 알려 주지 않아!"

초기의 컴퓨터들

안티키테라 메커니즘

기원전 1~2세기경에 그리스에서 만들어진 고대 컴퓨터 안티키테라 메커니즘의 장치 일부분이 1900년 난파선에서 발견되었다.

배비지 계산 기계

찰스 배비지의 아들이 만든 배비지 기계의 부분.

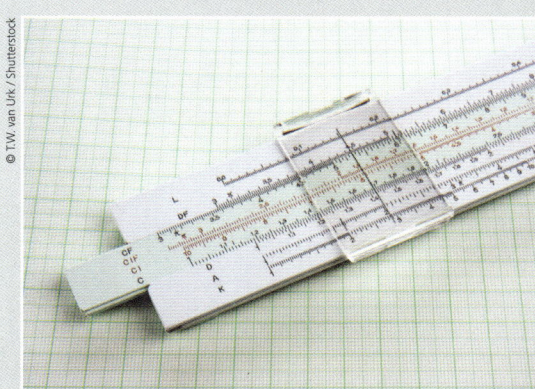

슬라이드 계산자.

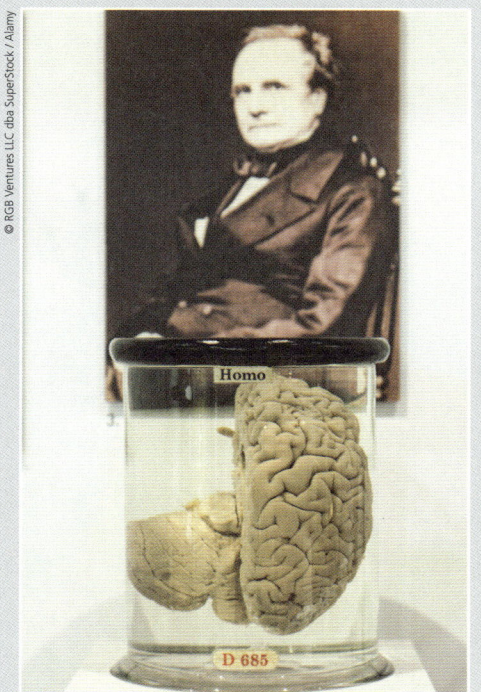

찰스 배비지의 두뇌는 과학 박물관에 전시되어 있다.

초기의 컴퓨터의 암호 해독

에니그마 기계

앨런 튜링

콜로서스

초기의 컴퓨터들

추제 Z3.

에니악 주 제어판

진공관들

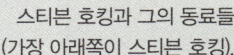

스티븐 호킹과 그의 동료들
(가장 아래쪽이 스티븐 호킹).

개인용 컴퓨터

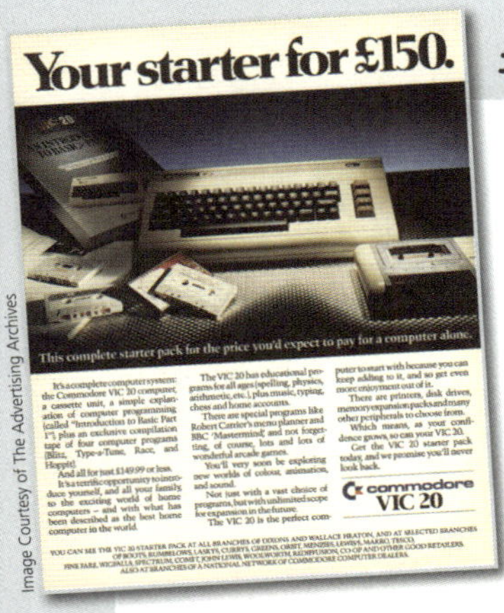

Image Courtesy of The Advertising Archives

구형 컴퓨터

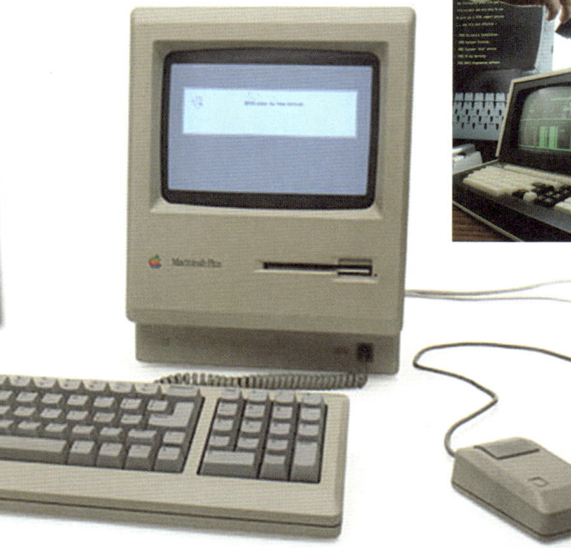

© Thomas J. Peterson / Alamy

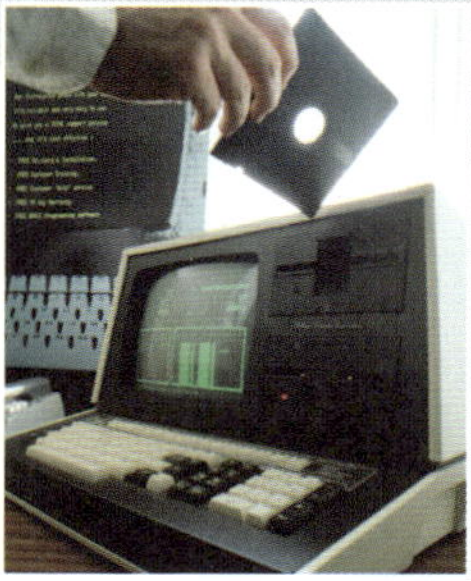
Jerry Mason / Science Photo Library

현대식 컴퓨터

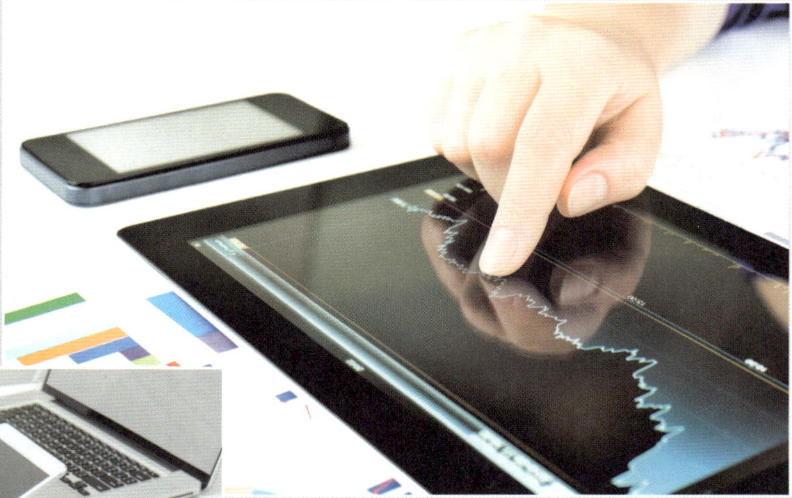
© Chukcha / Shutterstock

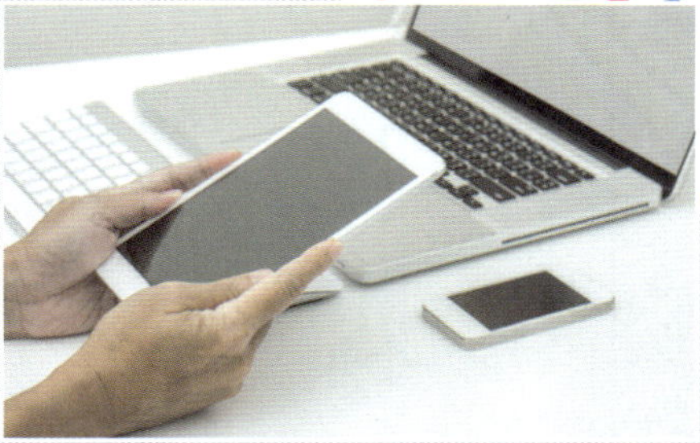
LittleStocker / Shutterstock

초기 자동인형들

오리 자동인형.

Model windmill, c.1600 (wood) / Snowshill Manor, Gloucestershire, UK / National Trust Photographic Library / The Bridgeman Art Library

풍차와 군인 자동인형.

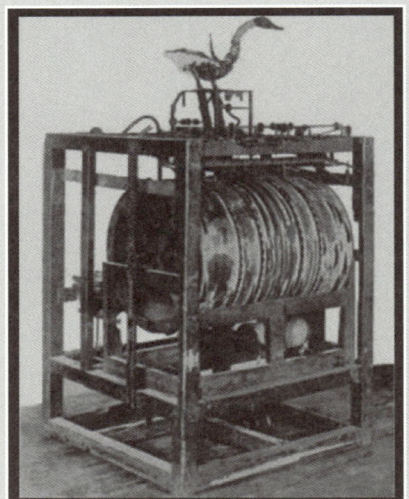

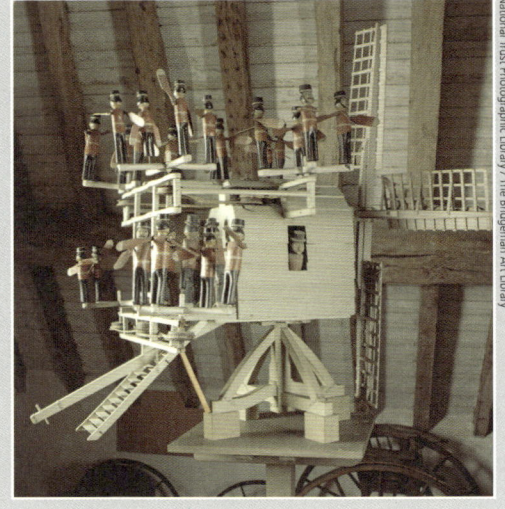

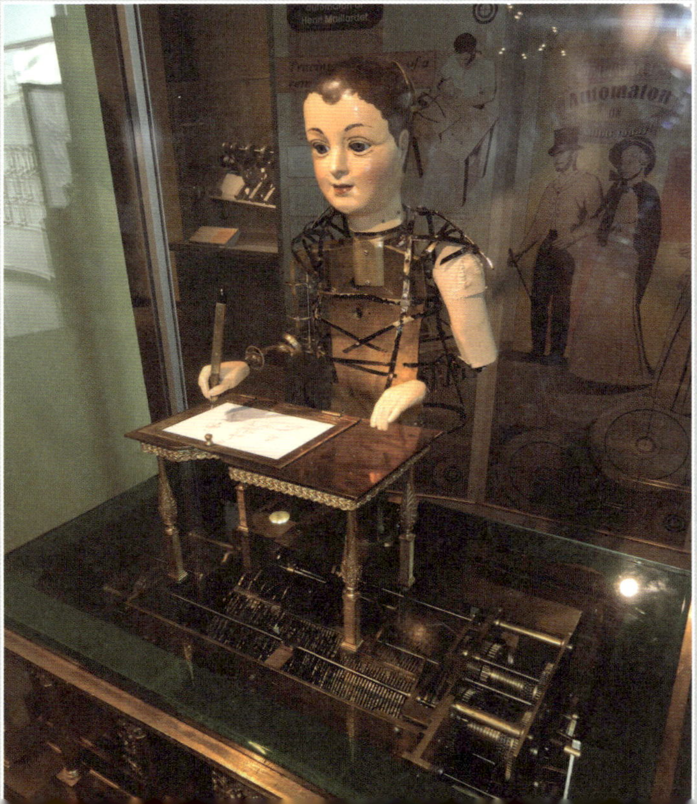

Daderot

앙리 마야르데의 자동인형.

산업용 로봇

자동차 공장의 로봇들

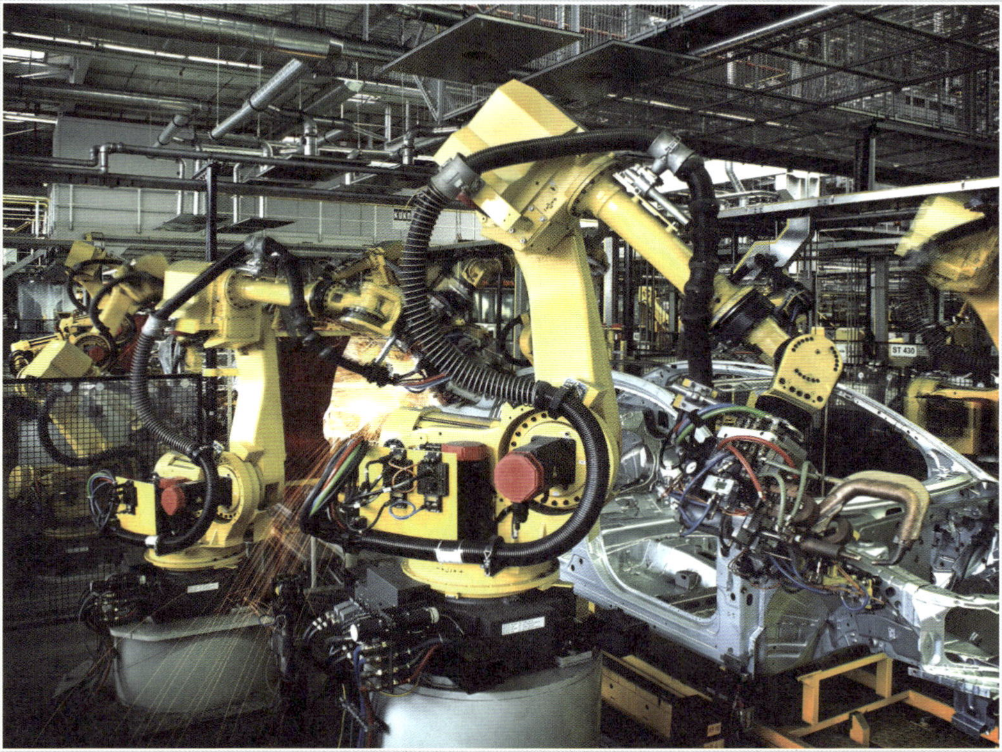

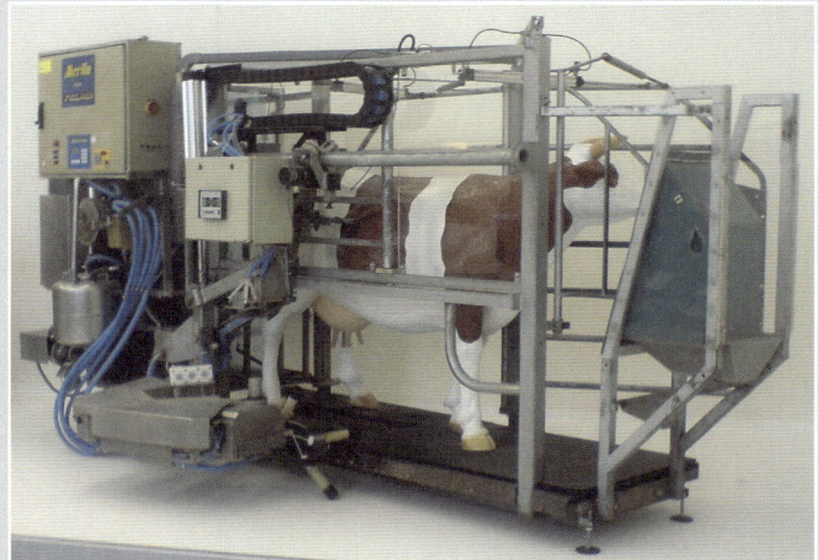

목장의 우유 짜는 로봇.

안드로이드

일본의 안드로이드.

현대 로봇

물범 로봇.

생체 모방 4족 보행 로봇 '빅독'.

폭탄 제거 로봇.

의료용 로봇.

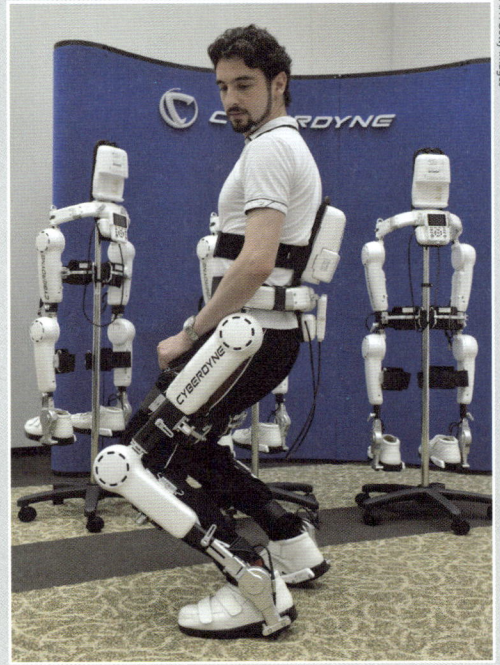

우주의 로봇

나사의 큐리오시티 탐사 로봇.

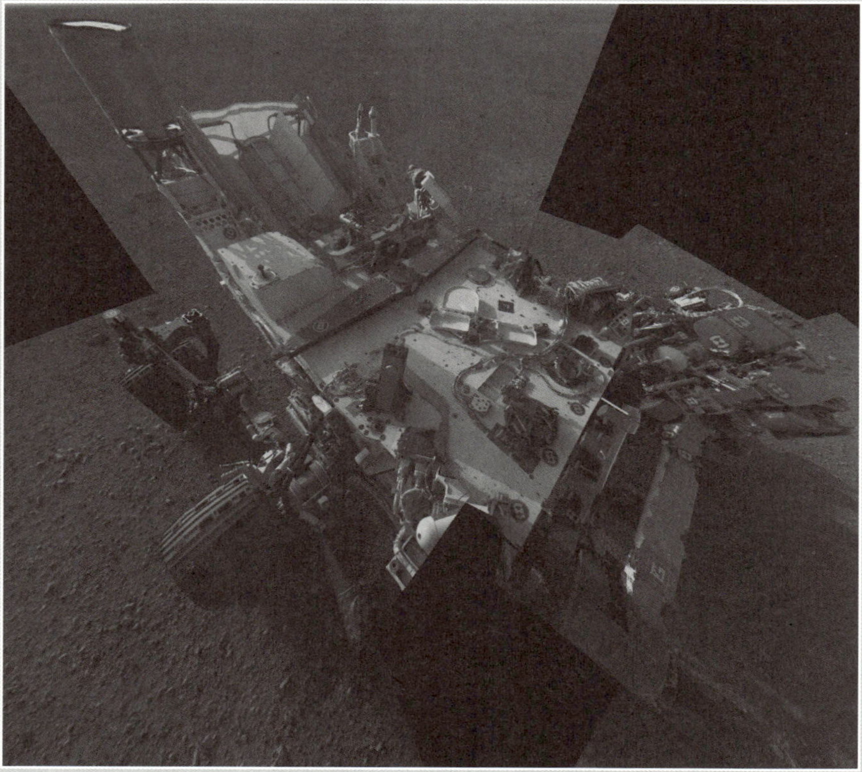

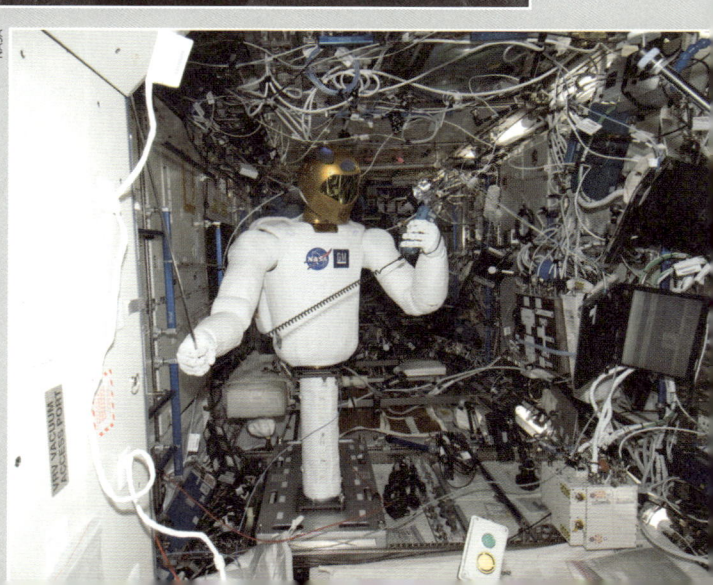

국제 우주 정거장(ISS)의 로봇 우주 비행사.

애니가 말했다.

"가자, 조지. 동생들을 집에 데려다줘야지."

수잔이 말했다.

"갔다가 바로 돌아와서 화학 숙제를 해야 해. 이유는 알지?"

애니는 다시 한숨을 쉬었다.

조지는 여동생들을 내려놓은 뒤 애니와 함께 아이들 손을 하나씩 잡고 집으로 출발했다. 이봇이 뒤를 따라왔는데, 자기도 어린아이의 손을 잡고 있는 것처럼 행동했다.

마당을 지나갈 때 애니는 조용했다. 집에 혼자 돌아가서 숙제를 해야 한다는 생각에 우울해진 것 같았다.

조지가 애니를 즐겁게 해 주려고 말했다.

"그래도 너는 이제 이봇이랑 놀 수 있잖아. 나는 쌍둥이 여동생들보다는 이봇이 더 좋을 것 같아."

애니가 슬픈 표정으로 말했다.

"하지만 로봇은 그냥 기계야. 이봇은 나를 사랑할 수 없어."

애니는 그렇게 말하면서 울타리 구멍으로 주노를 들여보내고 자신도 구멍을 통과했다.

조지가 말했다.

"그렇게 프로그래밍하면 되잖아. 에릭 아저씨가 이봇에게 감정을 프로그래밍해 줄 수 있을지도 몰라. 아니면 인터넷에서 '로봇 감정' 프로그램을 다운받으면 될지도 모르고."

"하지만 그건 동생들한테 사랑받는 느낌하고는 다를 거야. 얘들은 너를 사랑하도록 프로그래밍되어 있지 않은데도 자연스럽게 그러는 거잖아."

애니는 울타리 구멍을 통과하다가 비틀거리는 헤라를 잡아 주었다. 애니는 아이를 품에 한 번 폭 안아 준 뒤 땅 위에 조심스럽게 내려놓았다.

"저기 봐, 얘들아!"

애니가 맑은 저녁 하늘을 가리켰다. 별 두 개가 밝게 빛나고 있었다.

"저건 카스토르와 폴룩스라는 쌍둥이별이야. 너희와 똑같은 쌍둥이야."

쌍둥이는 하늘을 보더니 별을 잡고 싶은 듯 통통한 두 팔을 앞으로 뻗었다.

"언니, 별 잡아 줘."

두 아이가 희망 어린 목소리로 애니에게 말했다.

"미안, 얘들아. 나도 너희에게 별을 따 줄 수 없어. 저건 그냥 하늘에서 봐야 돼."

애니는 미안한 표정으로 말했다.

두 아이는 아장아장 집으로 걸어갔고 애니와 조지가 뒤따랐다.

조지가 뒤를 돌아보며 말했다.

"이봇은 너네 아빠랑 정말 똑같이 생겼어. 진짜 오싹할 정도로 말이야."

애니가 말했다.

"하지만 생명이 없잖아. 아빠랑 똑같지만 아빠는 살아 숨 쉬고 이봇은 그렇지 않아."

애니는 잠시 말을 멈추었다가 갑자기 흥분해서 펄쩍 뛰었다.

"그래! 그걸 하는 거야!"

"뭘?"

조지가 물었다.

"내 화학 숙제 말이야!"

애니는 발끝으로 통통 뛰었다.

"우리 아빠는 살아 있는데 왜 이봇은 그렇지 않은가? 둘 사이의 차이는 무엇인가? 생명이란 무엇인가? 중간 방학 숙제의 주제로 그걸 할 거야!"

조지가 물었다.

"방학 숙제의 주제가 '생명'이라고? 진심이야? 애니, 중간 방학은 짧아."

"그럼!"

애니는 기뻐 보였다. 조금 전의 우울함은 사라지고 없었다.

"그뿐이 아니야. 어떻게 시작할지도 생각했어. 지구에 어떻게 생명이 태어났는가, 찰스 다윈은 어떻게 비글호를 타고 다니며 그 모든 것을 발견했는가. 나는 우주에서 지구로 생명이 어떻게 왔는지를 숙제로 할 거야! 그러니까 '생명의 우주 화학'을 주제로 할 거야! 기다려라, 칼라 핀치노즈."

조지는 어안이 벙벙해서 애니를 보다가 과감하게 물어보았다.

"그건 좀 너무 어려운 주제 아냐?"

애니가 말했다.

"내 아이큐가 얼만지 잊었어? 가자, 이봇, 할 일이 있어. 조지, 그 장갑 돌려줄래?"

조지는 장갑을 벗어서 건네주었고, 애니는 밝은 목소리로 "안녕!" 하고 인사하며 이봇을 데리고 자기 집으로 갔다. 조지는 쌍둥이 여동생들과 함께 남았다.

조지는 생각했다.

생명의 역사

주변의 동물과 식물을 돌아보면 그 다양함에 놀라지 않을 수 없다. 바쁜 도시에서 잠깐만 걸어도 눈에 보이지도 않을 만큼 작은 곤충부터 새와 포유류까지 수십 종의 동식물을 마주치게 된다. 시골의 작은 숲이나 풀밭, 습지에는 그야말로 수천 종의 동식물이 산다. 아직 우리는 이 세상에 사는 생명체의 종이 얼마나 많은지 모른다. 지금까지 과학자들이 찾아내고, 설명하고, 분류하고, 이름을 붙인 것은 120만 종 정도 되지만, 전체 숫자는 그보다 훨씬 많다. 현시점의 추정치로 가장 믿을 만한 것은 아마 총합 8~900만 정도의 종이 있다는 것이다. 일부 생물학자들은 종의 수가 이보다 훨씬 더 많다고 말한다. 그 의미는 지구 위의 동식물 종 대부분은 아직 이름조차 없다는 뜻이다. 그런 종들은 멸종해도 우리는 알 수 없다!

이 많은 생물 종들은 다 어디서 왔을까? 인류는 그동안 이 질문을 많이 했다. 세계의 여러 종교가 이에 대해 답을 주었다. 하느님이 생명을 창조했다는 것이다. 하지만 과학자들에게 이 대답은 충분하지 않다. 하느님이 우리를 포함한 생물 종들을 만들었다고 해도, 언제 어떻게 만들었는지를 알아야 한다!

19세기에 생물학자 찰스 다윈이 이 질문에 대한 답을 주었고, 과학자들은 아직도 그것이 옳다고 생각한다. 다윈은 부자였고 아내와 함께 행복하게 살았다. 다윈 부부의 집에는 하인들이 있었고, 집안 살림은 아내 에마가 맡아서 했다. 그래서 다윈은 과학 연구를 할 시간이 있었다. 물론 그의 아이 열 명이 다윈의 서재로 들어와서 함께 놀아달라고 조르는 일이 많기는 했지만.

생명의 역사

다윈은 농부들이 가축을 교배할 때 특정한 개체만을 골라서 선택적으로 새끼를 낳게 하는 것처럼, 자연도 '자연 선택'이라는 과정을 통해 새로운 종을 만든다고 생각했다. 예를 들어 식물의 씨앗을 먹고 사는 어떤 새의 한 종이 식물 씨앗이 대체로 작은 지역에도 살고 반대로 씨앗이 큰 지역에도 산다고 생각해 보자. 새들의 부리가 저마다 약간씩 다르고, 이 부리의 크기에는 새의 부모의 부리 크기가 영향을 미쳐서 부리가 작은 새는 부리가 작은 새끼를 낳고, 부리가 큰 새는 대체로 부리가 큰 새끼를 낳는다고 가정해 보자.

여기까지는 별로 특이할 것이 없다. 하지만 다윈은 새가 살아가는 데 부리 크기가 중요해지면—예를 들어 먹잇감이 부족해지면—자연 선택을 통해서 새들의 부리 크기가 점점 달라진다는 것을 발견했다. 시간이 지나면서 씨앗 크기가 큰 지역의 새들은 부리가 커지고, 씨앗이 작은 지역의 새들은 부리가 작아진다. 그렇게 오랜 시간이 지나면 본래 하나였던 새 종은 각자 먹잇감에 적응한 두 가지의 종으로 진화한다.

다윈은 이런 이론을 1859년에 《종의 기원》이라는 책으로 발표했다. (제목 전체는 《자연 선택에 의한 종의 기원, 또는 생존 경쟁에서 선호받는 종족의 보존에 대하여》였다. 그 시대 사람들은 책 제목을 길게 짓는 걸 좋아했다.) 이것은 인류 역사상 가장 중요한 과학 책 가운데 하나다. 이 책은 우리가 세상을 바라보는 방식을 바꾸었고, 지금까지 한 번도 절판된 적이 없다. 두꺼운 책이지만 오늘날에도 읽을 만하다.

다윈은 처음부터 자신의 이론이 모든 것을 설명해 주지 않는다고 인정했다. 특히 최초의 종은 어떻게 태어났는가에 대한 설명은 하지 않았다. 그의 이론은 종들이 시간이 지나면서 변하고 새로운 종으로 진화한 방법은 설명해도, 전체 과정이 어떻게 시작되었는지에 대해서는 아무것도 말해 주지 않는다.

다윈은 약간 천재였다. 아니 약간 천재 정도가 아니라 완전히 천재였다. 최초의 종의 기원에 대해 그가 생각했던 잠정적인 답도 오늘날의 많은 과학자들의 생각과 상당히 비슷하다. 1871년 2월 1일에, 다윈은 친한 친구이자 동료 과학자인 조지프 후커에게 다음과 같이 편지를 썼다.

〈최초의 살아 있는 유기체 생산을 위한 조건은 이제 모두 제시되었다는 말도 많이 있습니다. 어쩌면 처음부터 제시되어 있었는지도 모릅니다. 하지만 (여기서부터는 정말로 대담한 가정이 필요합니다.) 온갖 종류의 암모니아와 인산염이 들어 있는 어느 작고 따뜻한 연못에 빛과 열과 전기 등이 가해져서, 화학적 단백질 합성물—앞으로 더 많은 복잡한 변화를 겪을—이 만들어졌다고 생각해 볼 수 있습니다. 오늘날에는 그런 물질이 만들어지면 즉시 먹잇감이 되겠지만, 생명체들이 태어나기 전에는 그러지 않았을 것입니다.〉

생명이 어떻게 시작됐는지는 아직 모른다. 다윈이 말한 대로 작고 따뜻한 연못에서 생겼을지도 모른다. 하지만 어쨌건 생명은 일단 생겨나자 멈추지 않고, 수백만 년 동안 천천히 지구를 덮었다. 종들은 더 크고 강해졌다.

생물 종들은 땅을 지배하고 공중으로 날아올랐다. 그리고 이 과정이 시작되고 3~400만 년 만에 고래도 생기고 벌새도 생기고 거대한 레드우드 나무도 생기고 아름다운 난초를 비롯해서 현재의 8~900만 종이 생겨나게 되었으며, 그 가운데에는 우리도 있다.

그리고 지금도 여전히 새로운 종들이 발견되고 있다. 여러분도 언젠가 우리 멋진 지구의 한 곳으로 여행을 떠나서, 아무도 모르던 새로운 종을 발견할지 모르는 일이다.

마이클

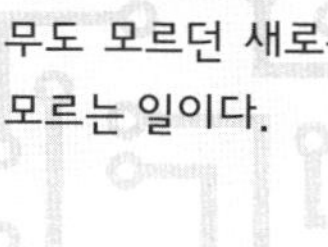

'애니는 나 없이 혼자서만 재미있는 과학 숙제를 하러 갔어. 그래, 좋아. 어른이 되면 나는 정말 로봇하고만 살 거야. 사람은 필요 없어. 애니는 가끔씩 놀러 와도 괜찮지만 다른 사람은 아무도 필요 없어.'

조지는 조용히 중얼거리며 돌아서서 집으로 걸어갔다.

6장

 다음 날 아침 조지는 늦게야 잠에서 깼는데 집 안이 이상하게 조용했다. 아침 식사를 하는 일은 결코 있을 수 없다는 쌍둥이들의 성난 외침이 들리지 않았다. 조지는 포근한 이불 밖으로 발가락을 뻗어서 꼬물거려 보았다. 그때 기억이 났다! 애니와 생명의 우주 화학—어떻게 우주에서 지구로 생명이 오게 되었는가. 그러자 전 세계 은행 기계들이 미쳐서 돈을 마구 토해 낸 일도 떠올랐다. 이게 다 어떻게 된 일인지 알아내야 했다! 조지는 침대에서 벌떡 일어나서 급하게 옷을 입고 아래층으로 내려갔다.
 조지는 눈앞의 광경에 놀라지 않을 수 없었다. 쌍둥이가 높은 유아 의자에 얌전히 앉아서 벽과 바닥에 음식을 뱉지 않고 밥을 먹고 있었다. 엄마 아빠가 조지를 보고 미소 지었다. 조지는 이런 분위기가 어리둥절했다. 평소의 아침 식탁은 대개 전쟁터였기 때문이다. 그리고 여동생들이 악마보다 천사에 더 가깝게 보이는 것도 놀라웠다.

조지의 놀란 얼굴을 보고 엄마가 말했다.

"아이들이 달라질 거라고 말했잖니?"

"하룻밤 만에요?"

조지가 물었다. 그런 일이 가능할 리가 없었다.

아빠가 우쭐해하며 말했다.

"그럼, 아이들은 금방금방 자라고 배워!"

그리고 한숨을 쉬었다.

"너도 똑……."

하지만 그 순간 집에서 만든 머핀이 공중을 가르고 날아가서

아빠의 턱에 정통으로 맞았다. 빵 부스러기가 부엌 곳곳에 흩어졌고, 쌍둥이들은 자지러지게 웃었다. 두 번째 머핀이 날아갔고 불쌍한 아빠는 사방에서 암석들이 충돌하는 젊은 태양계처럼 두드려 맞았다.

조지는 그 틈을 타서 뒷문으로 빠져나가며 소리쳤다.

"애니네 집에 놀러 갈게요!"

조지는 울타리 구멍으로 나가서 애니의 집 뒷문으로 달려갔다. 그 문은 언제나처럼 열려 있었고, 조지는 안으로 들어가서 명랑하게 "안녀어엉!" 하고 외쳤다.

잠시 후 "안녀어엉!" 하는 대답 소리에 조지는 애니가 에릭의 서재에 있다는 것을 알았다. 그 방에는 에릭이 연구에 사용하는 초강력 컴퓨터 코스모스가 있었다. 위층에서는 바이올린 소리가 들렸는데, 같은 대목이 자꾸 반복되는 걸 보니 애니의 엄마 수잔이 집에서 연주회 연습 중이라는 것을 알 수 있었다. 수잔은 전에는 음악 선생님으로 일했지만, 애니가 조금 크자 이제 본래의 직업인 전문 연주인으로 돌아가서 오케스트라와 함께 연주 여행을 자주 다녔다. 그래서 집을 비우는 일도 많아졌다.

아니나 다를까, 애니는 코스모스 앞에 쿠션을 여러 개 깔고 앉아 있었다. 코스모스는 그동안 그들의 많은 모험을 도와준 소중한 친구지만, 작동이 언제나 완벽하지는 않았다. 한 번은 조지와 애니가 어느 먼 외계의 태양계에 갔는데 코스모스 혼자 힘으로는 그들을 지구로 데려오지 못해서 다른 슈퍼컴퓨터와 연결한 일도 있었다. 외계 태양계란 우리 태양이 아닌 다른 별을 도는 행성계를 말한다. 또 코스모스가 블랙홀에 빠진 에릭을 구하려고 하다가 폭발할 뻔한 일도 있었다. 코스모스는 가끔 예측하기 어렵고 제멋대로 행동할 때가 있었는데, 오늘이 그런 날인 것 같았다.

"코스모스가 말을 안 들어."

애니가 코를 찌푸리며 말했다.

코스모스는 평소답지 않게 아무 대꾸도 없이 재채기만 했다.

"감기 걸렸어?"

조지가 물었다.

애니가 말했다.

"오늘 영 별로야. 몸이 안 좋다는데, 좀 이상하지 않아?"

"그래, 코스모스다운 말은 아니다! 그런데 코스모스랑 뭘 하려고 했는데?"

조지가 의자를 당겨서 애니 옆에 앉았다.

"숙제를 하고 있어."

애니가 말했다.

"같이 보자!"

조지가 말했다.

"좋아, 여기 있어."

애니는 스크린에 에릭의 사진 두 장을 나란히 띄웠다.

"이 중 하나는 나의 진짜 아빠야. 에릭 벨리스라는 이름의."

애니가 한 사진을 가리키며 말했다.

"그리고 또 하나는 로봇 아빠, 이봇이야."

"그러니까 하나는 생명이 있고, 하나는 생명이 없다는 거구나."

조지가 재빨리 이해하고 말했다.

애니가 고개를 끄덕였다.

"맞아. 하지만 양쪽이 어떻게 다른 거지?"

조지는 뭐라고 답해야 할지 몰랐다.

"음, 한쪽은 자기 행동을 결정할 수 있고, 다른 쪽은 그러지 못한다?"

애니가 말했다.

"아냐. 이봇은 제어판이 있긴 하지만, 예전의 명령들을 익혀서 자기 행동을 직접 결정할 수도 있어."

"한쪽은 먹고 자고 물을 마셔야 하고 다른 쪽은 그렇지 않다?"

그러자 애니가 답했다.

"이봇도 에너지가 필요해. 그리고 사실 우리 아빠는 거의 잠을 잔다고 말하기 힘들어."

슈퍼컴퓨터란 무엇인가?

컴퓨터 성능을 측정하는 방법 – 플롭스

시간이 지나면서 컴퓨터는 점점 더 강력해지고 있다. 컴퓨터의 성능을 측정하는 방법 중 한 가지는 (유일한 방법은 아니다!) 초당 수행할 수 있는 부동 소수점 연산의 횟수를 측정하는 것이다. 이것을 플롭스라고 부른다.

한 개의 큰 시스템

훨씬 더 강력한 컴퓨터를 만드는 가장 단순한 방법은 많은 컴퓨터를 한데 합치는 것이다! 슈퍼컴퓨터는 여러 개의 프로세서를 한 개의 큰 시스템으로 연결해서 성능을 강력하게 높인 특별한 컴퓨터를 말한다. 각 프로세서는 크고 복잡한 문제를 작게 나눠서 동시에 병렬적으로 작업을 수행한다. 여러 대의 프로세서를 연결한다는 것은 그것들을 네트워크에 접속시킨다는 것이고, 이 일은 멀리 떨어진 컴퓨터들을 전화망이나 인터넷 같은 네트워크에 접속시키기만 해도 가능하다.

처치 곤란한 문제?

문제를 병렬 임무로 나눌 때 노력이 거의 들지 않고 아주 쉽게 병렬화가 되는 문제를 '처치 곤란 병렬'이라고 한다. 처치 곤란이라고 하여 처리하기 어려운 문제인 것처럼 보이지만 이는 반어적인 표현이다. 이 경우 네트워크가 필요할 때는 각 프로세서에게 해야 할 일을 알려 주거나 마지막에 결과를 모을 때뿐이다.

그렇다고 슈퍼컴퓨터가 뚝딱 생겨나는 것은 아니다. 대부분의 큰 문제는 '처치 곤란 병렬'이 아니기 때문이다. 프로세서들은 대개 서로에게 즉각 결과를 주어야 하고, 슈퍼컴퓨터는 독립적인 여러 작은 문제를 동시에 처리하는 능력뿐 아니라 전체적인 문제를 병렬 처리하고 그것을 더 빨리 푸는 능력이 필요하다. 이것이 슈퍼컴퓨터가 느슨한 컴퓨터 네트워크 또는 메인프레임 컴퓨터와 다른 점이다.

네트워크의 품질은 무엇이 결정하나?

병렬 성능은 네트워크의 품질에 따라 제한된다. 특히 다음의 두 가지가 중요하다.
- 대역폭 : 초당 수송하는 데이터의 양. 클수록 좋다.
- 지연 시간 : 데이터를 보내고 받는 사이에 기다리는 시간. 작을수록 좋다.

슈퍼컴퓨터란 무엇인가?

컴퓨터 메모리를 사용하기
오늘날 프로세서들을 연결해서 슈퍼컴퓨터를 만드는 방법은 몇 가지가 있다.

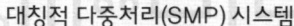

대칭적 다중처리(SMP) 시스템
이 시스템은 모든 프로세서를 슈퍼컴퓨터 내의 메모리 전체에 동등하게 연결한다. 이 방식은 공유 메모리 시스템이기도 하다. 모든 프로세서가 메모리를 공유하기 때문이다. 이 방식은 하기도 어렵고, 큰 시스템에 사용하려면 돈이 아주 많이 든다.

비균일 메모리 접근(NUMA) 시스템
이 네트워크는 자신이 읽고 쓰려는 프로세서와 메모리가 멀리 떨어져 있으면 속도가 느려진다. 이 방식 역시 메모리를 공유하기 때문에, 프로그래머는 데이터를 최대한 그것에게 필요한 프로세서에 가깝게 두어야 한다. 이 방식은 SMP보다 돈이 덜 든다.

인터커넥트
이것은 개별 컴퓨터들의 집단(노드)을 연결할 수 있는 특별한 고품질 네트워크다. 메모리를 공유하지 않기 때문에 한 노드의 프로세서들은 다른 노드의 메모리를 보지 못한다. 이것은 분산 메모리 슈퍼컴퓨터라고 한다. 프로그래머들은 데이터 전송을 노드 간의 메시지로 프로그램해야 한다. 노드가 특별한 장치가 아니라 평범한 컴퓨터라면 이런 노드로 이루어진 슈퍼컴퓨터는 흔히 클러스터라고 한다.

현대 컴퓨터 시스템
현대의 컴퓨터가 예전에 슈퍼컴퓨터에만 있던 병렬 기능 일부를 수행하는 일은 흔하다. 예를 들어서 이제 하나의 프로세서에 여러 개의 코어가 있고, 각 코어가 독립적 프로세서처럼 기능할 수도 있다. 그런 프로세서는 다중 코어가 인접 메모리 블록에 연결된 SMP 시스템이 된다. 값비싼 컴퓨터들은 프로세서 소켓이 두 개 이상 있다. 각 소켓에 코어들과 메모리 블록 한 세트를 연결해서 그 각각을 NUMA 시스템으로 만들기 위해서다.

슈퍼컴퓨팅을 위한 그래픽 처리 유닛(GPU)
이것은 최근에 발전한 것으로, 컴퓨터 게임을 좋아하는 사람들에게 적합하다. 이것은 PC 게임을 할 때 스크린으로 보낼 픽셀을 매우 빠르게 만든다. 이 설계는 특정 유형의 컴퓨팅에서도 속도를 크게 높여 준다.

> 플롭스에서 엑사플롭스로!
> - 1메가플롭스 = 1백만 플롭스
> - 1기가플롭스 = 10억 플롭스(1000메가플롭스)
> - 1테라플롭스 = 1000기가플롭스
> - 1페타플롭스 = 1000테라플롭스
> - 1엑사플롭스 = 1000페타플롭스

이런 기준치를 가지고 지난 몇 십 년을 돌아보면 컴퓨터 성능이 얼마나 발전했는지 쉽게 알 수 있다.

- 1998년 : 프로세서 한 개가 있는 컴퓨터는 최대 성능이 500메가플롭스였다.
- 2007년 : 많은 수의 단일 프로세서가 10기가플롭스 정도였다.
- 2013년 : 프로세서가 두 개 있는 단일 컴퓨터가 나왔다. 프로세서 하나당 여덟 개의 코어가 있고, 이론적 최대 성능은 코어당 20기가플롭스다. 이것은 나름대로 NUMA, 공유 메모리, 16코어 병렬 기계라고 할 수 있다. 하지만 오늘날은 비슷한 장치를 몇 백 대 연결하지 않는다면, 이것을 슈퍼컴퓨터라고 하지는 않는다.
- Top500(www.top500.org)은 세계에서 가장 강력한 슈퍼컴퓨터 500대를 발표하는 사이트로, 매년 두 번 업데이트된다. 현재(2018년 6월 기준) 1위를 차지한 컴퓨터는 122,300테라플롭스(122.3페타플롭스)라는 엄청난 성능을 보인다.

이것은 20세기 말의 컴퓨터들보다 훨씬 더 강력해진 성능이다.

> 앞으로 몇 년 이내에 엑사플롭스 성능의 슈퍼컴퓨터가 등장할 것이다. 엄청난 성능이 아닐 수 없다!

"그래, 알아."

조지가 동의했다. 에릭은 하루에 세 시간만 자는 걸로 온 동네에 유명했다. 새벽에 일을 할 때 오페라 음악을 크게 틀어 놓았기 때문이다.

"지금 이봇은 어디에 있어?"

"충전 중이야."

애니가 말했다.

조지가 다시 말했다.

"한쪽은 숨을 쉬고 다른 쪽은 아니다? 한쪽은 몸속에 위장과 심장 같은 게 있지만, 다른 쪽은 철사 같은 게 있다?"

애니가 말했다.

"그게 바로 내가 생각한 거야! 나는 이 양쪽이 뭘로 만들어졌는지를 살펴보고 있어. 그리고 생명의 재료가 뭔지 목록을 작성해 보는 중이야."

"목록 1번이 뭐야?"

애니가 두 에릭의 사진을 지나서 스크린을 아래로 내리자 '탄소'라고 적힌 소제목이 나타났다.

조지가 큰 소리로 읽었다.

"'탄소가 별에서 온다는 건 누구나 아는 사실이다.' 흠……."

첫 문장을 읽은 조지가 말을 멈추었다.

"왜?"

애니는 문득 조지가 자신의 글을 읽는 게 어색한 듯 물었다.

"뭐 틀린 거 있어? 맞춤법은 확인했는데."

조지가 말했다.

"아냐, 맞춤법은 맞아. 하지만 탄소가 그렇다는 걸 누구나 알지는 않을 것 같아서."

"아, 그런가……."

애니는 스크린에서 그 문장을 지우고 다시 글을 썼다.

데부분의 사람들이 알고 있듯이―

조지가 말했다.

"데부분이 아니라 대부분이라고 써야지."

"아, 자동 수정 기능이 꺼져 있었네!"

애니가 자판을 몇 번 눌러서 자동 수정 기능을 켰다.

조지가 말을 이었다.

"이러건 저러건 사람들은 아마 탄소에 대해서 잘 모를 거야. 너하고 내가 탄소가 별에서 온다는 걸 아는 건 너네 아빠가 코스모스를 통해서 우리한테 별이 죽을 때는 초신성 폭발이 일어난다는 걸 보여 주었기 때문이야. 하지만 대부분의 사람들은 그 원소들이 별에서 만들어진다는 걸 몰라."

"그런가?"

애니는 다시 문장을 고쳤다. 이번에는 컴퓨터가 맞춤법을 자동으로 수정해 주었다.

탄소가 별에서 온다는 걸 모르는 사람도 있을 것이다. 별이 타오를 때 만들어지는 중요한 원소 가운데 하나가 탄소고, 별이 죽을 때 탄소는 우주 곳곳으로 흩어져서 다른 것들을 만들 수 있다. 그중에는 우리 같은 사람도 포함된다. 우리는 '탄소 기반' 생명체다. 탄소는―

조지가 끼어들었다.

"탄소가 실제로 어떤 건지 쓸 거야? 안 그러면 이 글을 읽은 사람들은 우리 몸이 석탄으로 만들어졌다고 생각할 거야."

애니가 항변했다.

"그래, 그래. 네 말 알겠어. 그런데 나는 탄소가 뭔지 알아!"

"탄소가 뭔데?"

조지가 정말로 궁금해져서 물었다.

애니가 입을 열었다.

"그건 말이야……."

애니는 자판에서 손을 떼고 이야기했다.

"탄소는 원소 기호 6번이야. 이건 탄소에 6개의 양성자와 6개의 전자가 있다는 뜻이지. 탄소는 결합력이 아주 강해서 탄소 결합이 포함된 화합물은 안정성이 높아. 그래서 어떤 원소보다도 긴 사슬과 고리를 잘 이루고, 그래서 탄소는 다른 어떤 원소보다도 더 많은 분자를 만들지, 수소만 빼면. 그리고 탄소는 우주에서 4번째로 흔한 원소야."

조지가 감탄했다.

"우아! 너 대단하다."

애니가 우쭐해했다.

"탄소를 모르고 화학자가 될 수는 없어. 그건 우리 엄마가 음계를 모르고 바이올린을 연주하는 거나 마찬가지야. 아니면 계란 없이 빵을 굽거나. 하여튼 그런 일은 불가능해."

그 순간까지 위층에서는 아름다운 음악이 흘러나왔다. 그런데 멀리 있는 어느 전화기에 메시지가 왔다는 알림이 오자 그 소리가 잠시 멈추었다. 그러더니 바이올린이 음악이라고 할 수 없는 이상하게 삐걱대는 소리를 냈다.

"애니!"

잠시 후 애니의 엄마 수잔이 서재 문 앞에 나타났다. 얼굴에 충격이 가득했다.

"너 공짜 항공권 이야기 들었니?"

"무슨 공짜 항공권이요?"

애니가 물었다.

"모든 항공권이 공짜야!"

수잔이 아이들에게 자신의 휴대 전화를 내밀어 문자 메시지를 보여 주었다.

안녕, 언니! 우리 식구 모두 거기로 가는 중이야. 공짜 항공권이 생겼거든. 곧 만나!

"이게 무슨 뜻이죠?"

조지가 물었다.

애니가 자신의 스마트폰을 보면서 말했다.

"믿을 수 없지만 사실이에요! 모든 항공권이 공짜라고요. 엄마, 우리도 사요. 디즈니랜드에 가요!"

"안 돼! 네 이모와 친척들이 호주에서 온다고 하잖아."

수잔은 얼굴이 약간 파래 보였다.

"그분들이 언제 오시는데요?"

조지가 물음에 수잔이 어쩔 줄 몰라 하며 말했다.

"모르겠어! '곧'이라고만 말했어! 언제일지도 몰라. 전부 오다니! 이럴 수가! 이다음 문자에서는 공짜 항공권이 회사의 실수라고 취소할지 몰라서 되도록 빨리 오겠다고 했어."

수잔은 에릭의 서재 구석에 있는 작은 TV를 켰다. 뉴스 채널이 켜졌다.

"전 세계 항공사들이 항공권을 공짜로 발매해서 각 나라의 국제공항에 대혼란이 일고 있습니다."

아나운서가 걱정스러운 얼굴로 말했고, 그 뒤로 사람들이 짐을 들고 홍수처럼 밀려드는 각 공항 터미널의 모습이 보였다.

"세계 주요 항공사들은 어젯밤 웹사이트에서 모든 국제 항공편을 0원에 판매했습니다. 이 사실이 알려지자 수많은 사람이 몰려들어 공짜 표를 샀고, 이제 공짜 비행기를 타려고 공항으로 밀려들고 있습니다…….”

"몇 분이나 오시는데요?"

조지가 물었다. 조지가 아는 애니의 가족은 늘 학문, 음악, 과학이 있는 조용하고 평화로운 가족이었다. 멀고 먼 나라에서 일가친척이 단체로 온다는 게 믿어지지 않았다.

애니가 대신 대답했다.

"우리 이모는 아이가 일곱 명이야. 난 아직 한 번도 못 봤는데 이야기를 들어 보면 재미있는 가족 같아."

그 말에는 기대가 담겨 있었다.

하지만 수잔은 머리가 지끈거리는 것 같았다.

"어쩌면 좋아! 보통 일이 아닐 텐데. 거기다 네 아빠도 지금 없고. 어쨌거나 식구들이 오는 데 적어도 하루는 걸리겠지. 그때까지는 아빠가 집에 오겠지만……."

"이모네 식구들이 이봇을 아빠로 착각할 수도 있지 않을까요?"

애니가 말했지만 수잔이 말을 잘랐다.

"무슨 소리야? 당연히 알아보지. 로봇을 진짜 사람으로 착각한다는 게 말이 되니!"

"하지만 아저씨는 이봇이 아저씨하고 거의 같다고 말씀하셨어요. 생명이 없다는 점만 빼면요. 생체 인식기도 양쪽을 구별하지 못한다고 하셨어요."

조지가 애니를 도왔다.

하지만 수잔의 표정을 보니 별로 잘한 말이 아닌 것 같았다.

"당연히 알아봐."

수잔이 딱딱하게 말했다.

그 순간 코스모스가 재채기를 했다.

"저 컴퓨터가 왜 저러지?"

수잔이 물었다.

"오늘 아침부터 상태가 좀 안 좋아요."

애니가 불만스럽게 말했다.

코스모스가 힘없는 목소리로 말했다.

"몸이 안 좋아. 병이라도 걸린 것 같아."

코스모스는 재채기를 세 번 더 하고 힘없는 기침을 한 번 했다.

"인터넷에서 바이러스에 걸린 게 아니었으면 좋겠다."

조지가 걱정스럽게 말했다. 이렇게 힘없는 모습은 코스모스답지 않았다.

"아빠도 집에 안 계신데 너희가 저걸 사용해도 되니?"

수잔이 딱딱한 표정으로 말했다.

애니가 사정했다.

"엄마! 화학 숙제를 하려면 코스모스가 필

요해요. 이번 중간 방학 숙제를 정말정말 잘해야 하거든요! 이건 저한테 엄청나게 중요해요. 완전히 잘해야 된다고요!"

애니는 애원하는 말투가 되었다.

조지는 애니의 눈에 진짜 눈물이 고인 것을 보고 놀랐다. 갑자기 애니가 학교 숙제에 왜 저렇게 열심인 건지 이상했다. 조지가 볼 때 애니는 다른 나라에서 친척이 오면 숙제 같은 건 싹 잊어버리고 놀러 다닐 계획만 짤 것 같았기 때문이다.

"그래, 좋아."

평소에 애니의 엄마는 조지와 애니가 코스모스를 자유롭게 이용하는 것을 허락하지 않았다. 코스모스가 위험하고 음흉하다고 생각했기 때문이다. 하지만 느닷없이 친척 군단이 들이닥친다는 소식에 수잔은 아무 생각도 제대로 할 수가 없었다.

"이불은 어디 가서 다 구하지?"

수잔은 걱정하면서 복도로 나갔다.

"새 교향곡 전체를 익혀야 하는데……. 바보 같은 항공사들이 내 생활을 완전히 망쳐 놓았어. 이 집에서 어떻게 아홉 명이 더 지내지?"

조지가 애니에게 말했다.

"어쨌건 너도 이제 외롭지 않겠다. 그건 좋은 일이네."

애니가 유쾌하게 대답했다.

"맞아, 야호! 외롭지 않을 거야. 같이 놀 친구가 여럿 생기니까.

너도 같이 놀자, 조지."

조지가 말했다.

"아니, 괜찮아. 나는 가끔 내가 사람들을 별로 안 좋아한다는 생각이 들어. 기계가 더 좋은 것 같아."

코스모스가 다시 재채기를 했다.

수잔이 곤란한 표정으로 다시 서재 안에 고개를 내밀었다.

"애니야, 조지야. 평소에는 이러지 않는다만, 지금은 약간 비상사태라서 말이야. 너희가 좀 어른스럽게 행동해 주었으면 해. 내가 지금 외출해야 하거든. 내가 없는 동안 엉뚱한 짓 안 하고 얌전히 있겠다고 약속해 주면 좋겠구나. 지금 이런 이상한 일들이 계속 벌어지고 있으니 말이야. 집 밖에 나가지 말고, 애니 너는 그 방학 숙제를 해. 이불이랑 필요한 물건을 사면 금방 돌아올 테니까. 약속하겠니?"

"네."

조지와 애니가 입을 모아 대답했다.

"우리 친정 식구가 내가 외출한 사이에 올 리는 없겠지만, 혹시 그러면……."

수잔은 등 뒤로 고개를 돌리고 뭐라고 얘기하더니 현관으로 달려갔다. 문이 쾅 소리를 내며 닫혔다.

"혹시 그러면…… 어쩌라는 거지?"

애니가 조지를 보고 말했다.

"그 사람들한테 공룡 발톱을 먹이고 우주 산책에 데리고 가자."

조지가 웃으면서 말했다.

애니가 소리쳤다.

"그래! 우주 산책! 우리는 그걸 해야 돼!"

조지가 말했다.

"아니, 난 그런 뜻으로 말한 게 아니야."

그들은 코스모스를 바라보았다. 코스모스는 책상 위에서 코를 훌쩍이고 있었다.

애니가 조지를 꾀었다.

"그 일을 하면 코스모스도 좋아질 거야. 몸이 안 좋아진 것도 우리가 요새 자기를 안 써서 그런 게 아닐까? 아무리 그래도 보통 컴퓨터가 아니라 슈퍼컴퓨터인데 말이야."

조지는 그 말이 애니가 가끔씩 하는 어처구니없는 말이라는 걸 알았다. 그들은 한동안 우주여행을 못 했다. 수잔이 더 이상 위험한 모험을 허락하지 않겠다고 선언하자 에릭은 코스모스 사용에 몇 가지 규칙을 새로 만들었다.

애니가 말했다.

"그리고 어쨌건 나는 내 화학 숙제를 할 거야. 나는 이 엄청나게 중요한 화학 숙제를 가지고 다음 주에 학교에 가서 모두를 깜짝 놀라게 할 거야. 이건 내 인생 작품이 되어야 해. 진짜로 끝내주게 만들어야 해!"

조지가 물었다.

"왜?"

"내가 똑똑한 건 사실이지만 그래도 그걸 증명해야 하거든. 이제 탄소 부분이 끝났으니까 다음 단계로 넘어가자. 나는 우주의 물에 대해서 쓰고 싶어. 그러니까 우주에서 조사를 하지 않으면 쓸 수 없어! 그리고 실제로 우린 집 밖으로 안 나가는 거야."

조지가 말했다.

"우주에 가면 그건 집 밖으로 나가는 거지."

조지도 우주로 나가고 싶었지만, 그래도 더 확실한 이유가 필요하다고 생각했다. 조지는 당연히 애니보다 조심스러웠고, 전처럼 코스모스를 함부로 사용했다가 애니의 집에 출입 금지 당하는 벌을 받고 싶지도 않았다. 애니는 신경 쓸 게 없었다. 코스모스와 같은 집에 살고, 언제라도 여러 가지 방법으로 코스모스에 접속할 수 있으니까. 하지만 조지는 달랐다.

애니가 말했다.

"아냐, 그렇지 않아! 엄마는 길거리로 나가지 말라고 하신 거야. 우주로 나가지 말라고는 하지 않았어!"

조지가 뭐라고 더 반대할 겨를도 없이 애니는 코스모스의 자판을 빠르게 두드렸다.

조지가 물었다.

"만약 우리가 우주에 나가 있을 때 너네 엄마가 돌아오시면 어떻게 해? 우리가 어떻게 알아?"

"좋은 지적이야!"

애니가 벌떡 일어나서 방에서 나가더니 금세 촉각 장갑을 가지고 돌아왔고, 이봇이 뒤를 따라왔다.

애니가 말했다.

"이봇을 켰어. 야, 조지한테 인사해."

이봇이 손을 들어 인사했다.

"안녕, 조지."

애니는 장갑을 벗어서 조지에게 건넸다. 조지는 애니의 생각을 바로 알아차렸다.

"우주 장갑 속에 이 장갑을 낄까?"

애니가 싱긋 웃었다.

"바로 그거야! 언제 이봇을 원격 작동시켜야 할지 모르니까. 이봇, 거기 앉아."

애니가 코스모스와 문을 동시에 볼 수 있는 위치의 의자를 가리켰다. 그리고 코스모스 옆에 놓여 있던 원격 안경을 집어 들고 말했다.

"우주에 나가도 이 안경을 쓰면 이봇의 눈에 비치는 방 안 모습을 볼 수 있어. 그러니까 만약 엄마가 집에 오더라도 바로 알아차리고 지구에 돌아올 수 있어!"

애니가 말하는 동안, 코스모스는 이미 우주로 나가는 출입구를

만들고 있었다. 스크린에서 밝은 빛줄기 두 개가 뿜어져 나와 방 안에 한 점으로 모였다가, 서로 반대 방향으로 움직여서 문의 외곽선을 그렸다.

애니는 에릭이 우주복을 보관해 두는 옷장을 뒤졌다.
"여기 내 우주복 찾았다!"
애니는 리본과 반짝이와 배지로 장식된 우주복을 꺼냈다.
"그런데 네 거는 어디 있지?"
애니는 다른 우주복을 몇 벌 꺼내 보았다.
"네 우주복은 안 보인다! 그냥 여기 이거 입어."
애니는 대충 손에 잡히는 우주복을 조지에게 던졌다.
조지가 말했다.

"이거 너네 아빠 거잖아! 안 돼! 여기 아저씨 기장도 있고 호출 부호도 있어! 내가 이 음성 송신기를 사용하면 에릭 아저씨가 우주에 나갔다고 생각할 거야!"

하지만 애니는 마음이 급했다.

"시간 없어! 그냥 몇 분만 잠깐 나갔다 오는 거야. 나사에서 알아차릴 리 없어."

코스모스가 만든 우주로 통하는 문이 천천히 열리고 있었다. 문 너머 세계의 희미한 빛이 간신히 보였다.

"코스모스한테 우리를 어디로 보내달라고 했어?"

조지가 물었고, 애니는 이제 우주 헬멧 속 음성 송신기로 대답했다.

"우주에서 물을 볼 수 있는 곳에 보내달라고 했어."

"그게 어딘데?"

지난 여러 모험을 나설 때처럼 우주의 문이 훌렁 열렸다. 문밖으로 보이는 세계는 검은 바탕에 노란 점들이 가득 박혀 있었다. 그 검은 하늘 아래로 텅 빈 잿빛 땅이 보였고, 그 위로 큼직한 눈송이들이 떨어져 내리고 있었다.

"여기가 어디야?"

애니가 음성 송신기로 나직하게 물었고, 조지에게 그 목소리는 우주 헬멧 속 리시버를 통해서 마치 애니가 귀 옆에 대고 말하는 것처럼 들렸다.

코스모스가 코를 훌쩍이면서 말했다.

"토성의 위성 가운데 6번째로 큰 엔켈라두스야. 어서 나가. 중력이 작은 엔켈라두스에서 편하게 돌아다니려면 신발에 우주용 추를 달아야 할 거야."

애니는 옷장으로 달려가서 우주용 추를 꺼내서 신발에 달았다.

"간다!"

조지는 추를 매단 신발로 무겁게 움직이며 우주의 문으로 다가가서 문턱을 넘었다. 그리고 머나먼 위성으로 떨어져 내렸다. 심장이 어찌나 크게 뛰는지 북이라도 치는 것 같았다. 너무나 멋진 일이었다! 이번 중간 방학은 정말로 지루할 거라고 생각했는데, 갑자기 이렇게 즐거운 일이 생겼다.

애니가 뒤따라왔고, 둘이 문밖으로 나가 토성의 위성에 서자 우주 헬멧의 유리가 금세 눈송이로 덮였다.

조지가 웃었다.

"믿을 수가 없어! 우리가 엔켈라두스에 오다니! 게다가 눈이 내리고 있어!"

7장

이 머나먼 위성의 빛은 이상한 노란색을 띠었다. 그 빛은 어둑어둑한 풍경 속에 진한 그림자들을 만들었다.

"발 조심해!"

조지가 애니를 조심시켰다. 우주에 다시 나오자 기분이 아주 좋았다. 오래전부터 다시 우주 모험을 떠나고 싶어 좀이 쑤셨는데, 이제 그 일을 하고 있었다! 하지만 집에서 우주를 꿈꾸는 동안에는 이렇게 태양계에 나와 있는 것이, 거대한 우주 속에 애니와 자신 둘만 있는 것이 얼마나 위험한 느낌을 주는지 잊고 있었다. 장갑을 두 겹으로 낀 조지의 손이 흥분과 불안으로 떨렸다. 조심해야 했다. 자신이 우주에서 한 행동으로 지구의 이웃이 움직여 에릭의 서재 속 물건을 쓰러뜨릴 수도 있기 때문이다. 조지는 되도록 손을 움직이지 않으려고 애썼다. 이번에는 그들에게 문제가 생겼을 때 구해 주러 올 진짜 에릭이 없었기 때문에 특별히 더 조

심해야 했다. 만약 엔켈라두스에서 조지와 애니에게 사고가 생겨도 이봇은 그들을 구하러 오지 못할 것이다.

"저 크레이터들에 빠지면 못 나올 것 같은데, 작은 것이라도."

조지가 말했다.

주변에는 수백 개의 작은 크레이터들이 있고 그 가운데 커다란 크레이터가 한 개 있었는데, 그 큰 크레이터의 바닥은 밝은 황갈색으로 빛나는 알 수 없는 물질에 덮여 있었다. 근처에는 야트막한 언덕 등성이 같은 것이 솟아서 이 구멍 숭숭 뚫린 땅을 내려다보고 있었다. 둘의 발밑에는 도로의 균열 같이 가느다란 금이 하나 있었는데, 이 금은 양쪽으로 끝없이 뻗어 있었다.

엔켈라두스

엔켈라두스는 거대한 얼음 기체 행성인 토성을 도는 아주 작은 흰색 위성으로, 토성의 고리 중 가장 밀도가 높은 부분에 있다. 토성의 60개 위성 가운데 하나인 엔켈라두스는 가장 크지도 않고, 밤하늘에서 가장 잘 보이는 것도 아니다. 하지만 과학자들은 엔켈라두스—고대 그리스 신화에서 에트나 화산에 묻힌 거인의 이름을 따서 지은 이름—가 태양계에서 생명체가 살기에 가장 알맞은 곳 중 하나라고 말한다. 왜 그럴까? 이유는 단순하다.

물

표면이 얼음으로 매끈거리는 엔켈라두스에는 우리가 알고 있는 생명체의 가장 중요한 요소 중 하나인 액체 상태의 물이 있다고 여겨진다. 엔켈라두스는 1789년에 유명 천문학자 윌리엄 허셜이 발견했지만, 1980년대 초에 보이저 우주선이 그 옆을 지나갈 때까지는 대부분 수수께끼에 싸여 있었다. 보이저 2호는 이 위성이 크기는 작아도 지형이 매우 다양하다는 것을 밝혀냈다. 어떤 곳에는 오래된 크레이터(움푹 파인 큰 구덩이)들이 있고, 또 어떤 곳은 최근의 화산 활동으로 땅이 움직여 있었다.

엔켈라두스는 화산 분출이 잦다. 하지만 지구의 화산이 뜨거운 재, 용암, 가스를 대기로 뿜어 올리는 것과 달리, 엔켈라두스의 저온 화산은 대기로 얼음을 뿜어내고, 그 일부는 눈이 되어 땅 위로 떨어진다. 2005년 이후 엔켈라두스 옆을 지나간 우주 탐사선 카시니호는 엔켈라두스의 얼음 분출 사진을 많이 찍었다. 그러니까 엔켈라두스에 가면 우리는 우주에서 눈사람을 만들 수 있을 것이다!

아주 특별한 곳

엔켈라두스에는 물뿐 아니라 유기 탄소, 질소, 에너지원 등 다양한 생명의 요소가 있기 때문에 과학자들은 이 위성이 아주 특별하다고 말한다. 그 말은 엔켈라두스에 외계 생명체가 있을 수 있다는 뜻일 수도 있지 않을까? 이 비밀 세계 어느 깊은 곳에 외계인이 살고 있지 않을까? 어쩌면 미래의 어느 날 여러분이 설계한 로봇 우주선이 엔켈라두스에 가서 이 환상적인 위성의 땅속에 잠자고 있는 외계인을 발견할지도 모른다!

그동안 아무리 우주여행을 많이 했어도 조지는 아직까지 이 일에 익숙해지지 않았다. 우주의 풍경은 늘 신기하고 놀랍기만 했다. 조지에게 우주가 지겨워지는 날은 오지 않을 것이다. 우주는 너무도 특이하고 거대하고 아름답다. 그리고 아무도 없다. 애니와 조지 둘뿐이고, 그들 앞에 펼쳐진 완전히 텅 빈 세상은 탐험의 발길을 기다리고 있었다.

"멋지다!"

애니가 풍경을 바라보면서 나직하게 감탄했다.

조지는 애니의 눈길을 따라가 보았다. 곡선 형태를 띤 밝은 빛이 이 작은 위성의 텅 빈 지평선 위에 쭉 뻗어 있었다. 그리고 그것은 천천히 그들을 향해 다가왔다.

애니가 가리키며 말했다.

"햇빛이야. 저기, 아침 햇살이야."

"그러면 이 이상한 노란 빛은 뭐야? 이건 어디서 오는 거지?"

조지가 물었다.

태양의 반대편인 어두운 쪽 지평선 위에는 거대한 얼음 기체 행성인 토성이 걸려 있었다. 먼지와 암석으로 이루어진 수많은 고리가 그 환상적인 행성을 둘러쌌다.

"토성에서 오는 빛이야."

애니가 소곤거렸는데 그 이유는 애니도 몰랐다.

"토성에 반사된 햇빛이 엔켈라두스의 어두운 면을 비추는 거야. 그리고 저기 봐!"

애니가 하늘 위의 한 점을 가리켰다.

"저건 타이탄이 분명해! 여기서 토성 사진을 찍을 수 있을까?"

애니는 우주복 주머니를 뒤져 카메라를 꺼냈다.

"시도해 볼 수는 있지."

조지가 말했다. 자기도 카메라를 가지고 올 걸 싶었다. 애니의 토성 사진은 조지가 지구에서 찍으려던 사진보다 훨씬 더 좋을 것이다. 토성은 여기서는 아주 가깝게 보였다. 손만 뻗으면 닿을 것 같았다.

하지만 애니가 아무리 셔터를 눌러도 사진은 찍지 못했다.

조지가 깨달았다.

"카메라가 얼어서 그런 거 아냐? 여기는 아주 추우니까."

결국 토성 사진을 찍게 되는 건 조지 자신일지도 몰랐다. 그 생각이 들자 조지는 지구의 일이 궁금해졌다.

"이봇의 안경 확인해 봤어?"

조지가 물었다.

애니가 말했다.

"내가 지금 그 원격 안경을 쓰고 있어. 눈알을 움직이면 시야가 바뀌어서 이봇의 눈으로 볼 수 있지! 됐어. 집이 보인다. 우아! 진짜 이상해. 그런데 아직 엄마는 안 오신 것 같아. 아마 베개랑 이불 백 개를 사느라고 정신없으실 거야."

애니의 엄마가 지구에서 쇼핑을 한다는 이야기가 정말로 이상하게 느껴졌다. 그런 일은 다른 행성이 아니라 다른 우주에서 벌어지는 일 같았다.

조지는 이웃도 같은 동작을 할까 궁금해하며 장갑 낀 두 손을 뻗어 보았다.

"눈발이 점점 약해지네."

조지가 말했다. 이렇게 큰 눈송이는 처음이었다. 눈송이를 보니 이 깨끗한 눈밭 위를 뛰어다니며 춤을 추고 싶어졌다.

"어머나 세상에, 저 크레이터를 좀 봐!"

애니는 앞으로 몇 걸음 걸어가 있었다.

조지는 조심조심 애니를 따라가서 거대한 크레이터 안쪽을 내려다보았다.

애니가 다시 말했다.

"눈이 한가득이야! 저 위에 큰대자로 누워 보면 어떨까?"

조지가 대답했다.

"하지만 눈의 깊이를 모르잖아. 수백만 년 동안 쌓인 걸 수도 있어. 그러면 안으로 푹 꺼져서 밖으로 못 나올 거야."

"수영하는 거 같겠지? 눈 속에서!"

애니가 즐거운 비명을 질렀다.

"하지 마! 내가 널 못 꺼내 줄지도 몰라!"

애니가 정말로 저 수수께끼의 크레이터로 달려갈 것 같지는 않았지만, 그래도 조심시키는 게 좋을 것 같았다.

갑자기 먼 천둥이 치듯 땅이 가볍게 울리는 게 느껴졌다.

"너도 느꼈어?"

조지의 물음에 애니는 고개를 끄덕였다.

그러더니 발밑의 가는 금 속에서 무언가 올라오는 듯 땅이 더 강하게 흔들렸다.

"코스모스?"

조지가 즉석 메시지 장치로 슈퍼컴퓨터를 불렀다. 하지만 코스모스는 대답이 없었다. 코스모스의 침묵에 조지는 불안해졌다.

애니가 다시 이봇의 눈으로 아빠의 서재를 보고 말했다.

"지구에는 아무 일도 없어. 코스모스는 그냥 책상 위에 있고, 이봇은 문을 보고 있어. 그런데 왜 대답을 안 하는 거지?"

조지가 다시 코스모스를 불렀다.

"코스모스! 우리를 안전한 곳에 데려다준 거 맞아?"

발밑에서 땅이 출렁였고 그들은 서로 부딪혔다. 조지는 애니의 카메라처럼 얼어붙어서 움직일 수도 반응할 수도 없었다. 순수한 공포가 조지를 그 자리에서 붙잡아 맸다. 조지는 도망갈 곳을 찾아 주변을 둘러보았다. 출입구는 보이지 않았고 달아날 방법도 없

는 것 같았다.

"뛰어!"

애니가 조지를 잡고 최대한 빠른 속도로 달렸다. 조지는 비틀비틀 따라갔고, 애니의 다급한 목소리에 정신이 돌아왔다.

"조지! 내가 널 끌고 갈 수는 없어! 뛰어, 어서!"

마침내 팔다리가 움직였고, 조지는 코스모스가 데려다준 장소를 피해 달아났다. 그곳은 땅이 계속 흔들리고 부딪혔다.

애니가 숨을 헐떡이며 말했다.

"단층선이야! 있잖아, 지진이 일어나는 곳. 그게 벌어지고 있어. 분출이 일어날 것 같아!"

조지와 애니는 갈라지는 땅 위에서 비틀거렸다. 조지는 애니를 따라가면서 단층선을 따라 벌어지는 깊은 구멍에 빠지지 않으려고 안간힘을 썼다.

"이쪽으로!"

애니는 크레이터 지대 위로 솟은 언덕 등성이를 가리켰다. 크레이터에서는 이제 수증기와 가스가 분출되고 있었다.

조지는 비틀비틀 달려가면서 이러다 집에 영영 못 돌아가는 건 아닐까 하는 생각을 했다. 자신이 또다시 쌍둥이 여동생들에게 시달리고, 엄마의 이상한 음식을 먹는 행복을 맛볼 수 있을까? 조지는 울컥해져서 앞으로 내달렸다. 어쩌면 지구는 그렇게 나쁜 곳이 아닐지도 몰랐다.

다행히 애니는 길을 잘 골랐다. 둘은 함께 두 손 두 발을 다 써서 거의 수직에 가까운 경사를 올라갔다. 공포에 심장이 쿵쿵 뛰었다. 그 절벽은 흔들리는 땅의 가장자리, 지진의 자연 경계선인 것 같았다.

언덕 꼭대기에 이르자 애니는 엎드려서 조지를 자기 옆으로 끌어 올렸다. 그런 뒤 그들은 몸을 앞으로 내밀고 언덕 등성이 너머 자신들이 조금 전까지 서 있던 곳을 바라보았다.

그렇게 가만히 있으니 조지의 심장 박동이 조금 느려졌다. 어쨌건 그들은 이제 안전한 것 같았다. 하지만 아래를 보니 애니가 위험을 바로 알아차리지 않았다면 자신들은 집으로 돌아가지 못

했을 게 분명했다.

코스모스의 우주의 문이 열린 바로 그 자리에 단층선이 벌어지면서 땅이 쩍 갈라져 있었다. 수증기가 공중으로 거대하게 분출되었다가 차가운 대기와 만나 곡선을 그리며 식었다. 잠시 후 땅 속에서 거대한 물줄기가 터져서 지표면 몇 십 미터 위까지 솟아올랐다. 물보라가 검은 하늘을 배경으로 치솟았다가 얼음 분수가 되어 떨어지는 모습은 아름다운 레이스 무늬 같았다.

애니가 감탄해서 말했다.

"우아, 얼음물 간헐천이야! 코스모스가 우리에게 우주의 물을 찾아 주었어!"

"맞아, 그리고 우리를 죽일 뻔하기도 했지."

조지가 덜덜 떨면서 말했다. 애니는 자신들이 방금 전에 죽을 뻔했다는 사실도 잊은 것 같았다.

"애니, 가만있었으면 우리는 이미 죽었을 거야. 저 구멍으로 떨어지든지 아니면 우주로 분출되거나 아니면 얼음 조각상이 돼서. 상황이 안 좋아."

"코스모스가 일부러 그런 건 아닐 거야."

애니는 별이 총총히 박힌 어두운 하늘 앞에서 펼쳐지는 물과 얼음의 쇼를 보며 말했다. 그 뒤로 토성이 창백하게 떠 있었다.

"설마 일부러 그랬겠어? 실수였을 거야."

하지만 애니의 목소리에서 자신감이 줄어들었다.

"나도 모르겠어. 코스모스가 몸이 안 좋아서 그랬는지도 모르지. 하지만 정말 위험했어. 우리를 폭발 직전의 얼음 화산 꼭대기에 올려놓다니."

조지도 알 수 없었다.

"으어, 맞아. 끔찍했어! 그런데 너 혹시 설마……?"

애니는 충격받은 목소리였다.

"코스모스를 의심하는 건 아냐. 하지만 여기 땅이 다시 폭발하기 전에 떠나야 돼."

조지가 말했다.

"내가 코스모스를 불러 볼게. 코스모스!"

애니가 힘껏 소리쳤다.

"안녀엉! 엔켈라두스는 어때?"

갑자기 코스모스가 연결되었다. 그런데 아양을 떠는 듯한 목소리가 낯설었다.

"코스모스 같지가 않은걸."

조지가 애니에게 속삭였다. 우주복은 온도가 완벽하게 조절돼서 전혀 춥지 않았지만, 조지는 피가 얼어붙는 것 같았다. 왜 갑자기 코스모스가 이상해진 걸까?

애니가 용감하게 말했다.

"아주 좋아, 고마워. 저온 화산에서 간헐천이 폭발하는 멋진 광경도 보았어. 여기 내 친구 조지의 말에 따르면 말이지."

코스모스는 놀란 목소리가 되었다.

"간헐천을 보았다고? 정말? 아니 어떻게?"

그러더니 코스모스는 말을 뚝 멈추었다.

"이런."

조지가 조용히 말했다. 설마설마 하던 것이 확실해진 것 같았다. 코스모스가 그들을 일부러 위험한 곳에 데려다준 것이다!

애니가 다시 말했다.

"그래, 멋진 광경이었어. 하지만 이제 우주의 물은 봤으니까 집으로 돌아가고 싶어."

조지와 애니는 우주 장갑 낀 손을 뻗어서 연대의 의미로 서로의 손을 잡았다. 그들은 함께였다. 이 모험을 떠나자는 건 애니의 생각이었지만, 조지 역시 우주여행을 하고 싶어서 따라 나왔다. 그들의 친구이자 동맹이었던 코스모스가 이렇게 실망을 안겨 줄 줄은 몰랐다. 하지만 그들은 지금 위험한 상황의 한가운데 놓여 있었고 도와줄 사람도 없었다.

"하지만 제대로 본 것 같지 않은데."

코스모스가 주장했다. 목소리는 멀쩡했다. 감기 기운 같은 것도 없었다. 하지만 평소 코스모스의 목소리가 아닌 다른 사람의 목소리였고, 그들이 예상한 말도 아니었다. 친구가 갑자기 적이 되어서 그들을 도와주기를 거부하는 것처럼 기이하고 이해할 수 없었다.

코스모스가 그 이상한 목소리로 계속 말했다.

"우주에는 물이 훨씬 더 많아. 거대 질량 블랙홀로 가 보는 게 어때? 거기는 수증기가 아주 많아서 지구의 모든 호수와 바다를 수천억 번 채우고도 남거든. 벌써 집에 오고 싶을 리가 없어."

애니가 말했다.

"아니, 집에 갈래. 나는 블랙홀에 이미 꽤 가까이 가 봤어."

애니와 조지는 전에 코스모스를 이용하여 블랙홀에서 애니의 아빠를 구출한 적이 있었다. 사악한 과학자가 에릭에게 엉터리 좌표를 주고 우주로 내보내는 바람에 에릭이 우주에서 가장 어두운 장소의 한복판으로 뛰어들었기 때문이다.

"이제 다시 우리를 집으로 데려다줘."

그러자 코스모스가 잘라 말했다.

"안 돼. 지구로 돌아오는 문은 내가 너희가 임무를 완수했다고 납득해야 열려. 너희가 다른 장소에 가서 우주의 물을 제대로 조사해야 귀환을 허락해 줄 수 있어."

애니가 속삭였다.

"뭐? 난 그런 규칙은 들어 본 적이 없어. 이건 이상해."

조지가 나직하게 말했다.

"코스모스가 우리를 집에 데려가지는 않아도 지구에서 더 가까운 곳으로 데려갈 수는 있을 거야."

이제 그들은 전처럼 코스모스를 믿을 수 없었기 때문에, 원하는 것을 그대로 말하는 대신 코스모스를 달래서 원하는 것을 얻어야 했다.

조지가 말했다.

"달은 어때? 달에도 물이 있잖아."

"달의 어두운 면?"

코스모스가 약간 불쾌한 듯이 물었다.

애니가 날카롭게 말했다.

"아니! 너도 잘 알겠지만 이제 그건 달의 어두운 면이라고 불리지 않아. '뒷면'이라고 하지. 하지만 우리가 가고 싶은 곳은 달의 앞면이야. 아니면 어쨌든 물이 있는 곳."

"태양계간 이동문 준비."

두 친구 앞에 익숙한 문이 나타나 토성에 반사된 기이한 빛 속에 아른거렸다. 문이 열리자 그 너머 흐릿한 빛 속에 달의 연회색 표면이 보였고, 산맥 너머로 깨끗한 검은색 하늘이 보였다.

"자, 빨리."

조지가 얼른 떠나고 싶어서 말했다. 어디라도 여기보다는 좋을 것 같았다.

"코스모스가 마음이 바뀌어서 우리를 엔켈라두스에 영원히 두기 전에 떠나자."

둘은 우주의 문을 지나 달 표면에 내려섰다. 그곳은 달의 극지방이었다.

"이야! 멋진걸!"

조지가 달에 발을 디디면서 말했다. 자신들이 엔켈라두스에서 죽을 고비를 간신히 넘기고, 그런 뒤에 갑자기 말을 안 듣는 컴퓨터에 의해 지구 복귀를 거부당했다는 사실을 잠시 잊었다. 그 순간은 달을 딛고 섰다는 순수한 환희가 모든 것을 이겼다. 조지는 두 팔을 벌리고 우주여행의 놀라움과 발견의 기쁨을 만끽했다.

하지만 그동안 여러 사람에게 달에 한 번 데리고 가 달라고 들들 볶았던 애니는 조지만큼 기쁘지 않았다. 애니는 계속 현실에 집중했다.

"여긴 어디지?"

애니가 코스모스에게 물었다.

"달의 극지방이야. 거기 크레이터에 물이 언 얼음이 있어."

코스모스가 아직도 그 아양 떠는 거북한 목소리로 말했다.

애니가 조용히 말했다.

"고마워, 코스모스. 내가 오래전부터 달에 와 보고 싶기는 했지만 이 우주여행은 그렇게 반갑지는 않은 것 같아. 그리고 화학 숙제를 위한 물은 이제 충분히 봤어."

토성과 그 위성들

토성.

NASA/JPL/Space Science Institute

엔켈라두스.

NASA/Science Photo Library

엔켈라두스

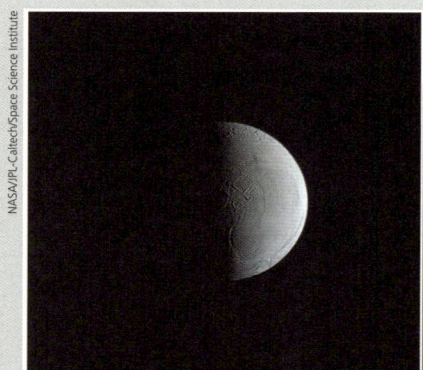

허블 우주 망원경으로 본
엔켈라두스.

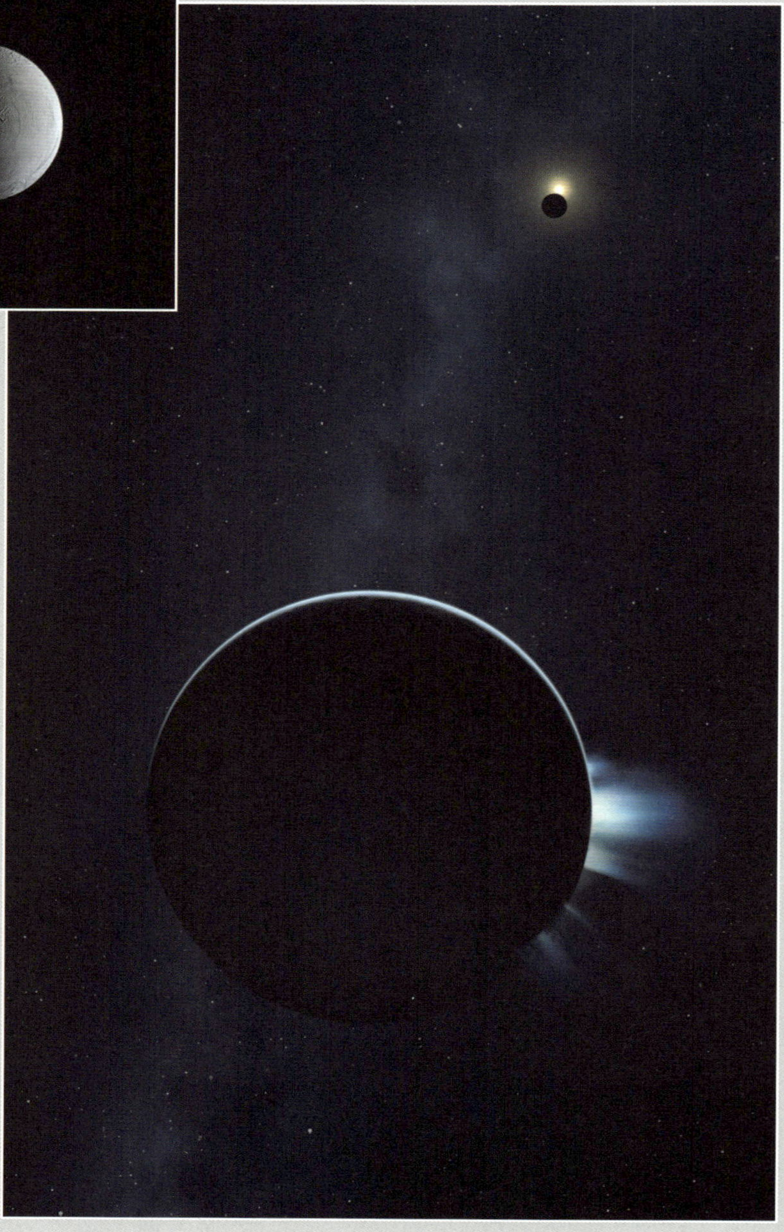

엔켈라두스의 얼음 분출.

엔켈라두스

엔켈라두스의 표면.

달의 어두운 면

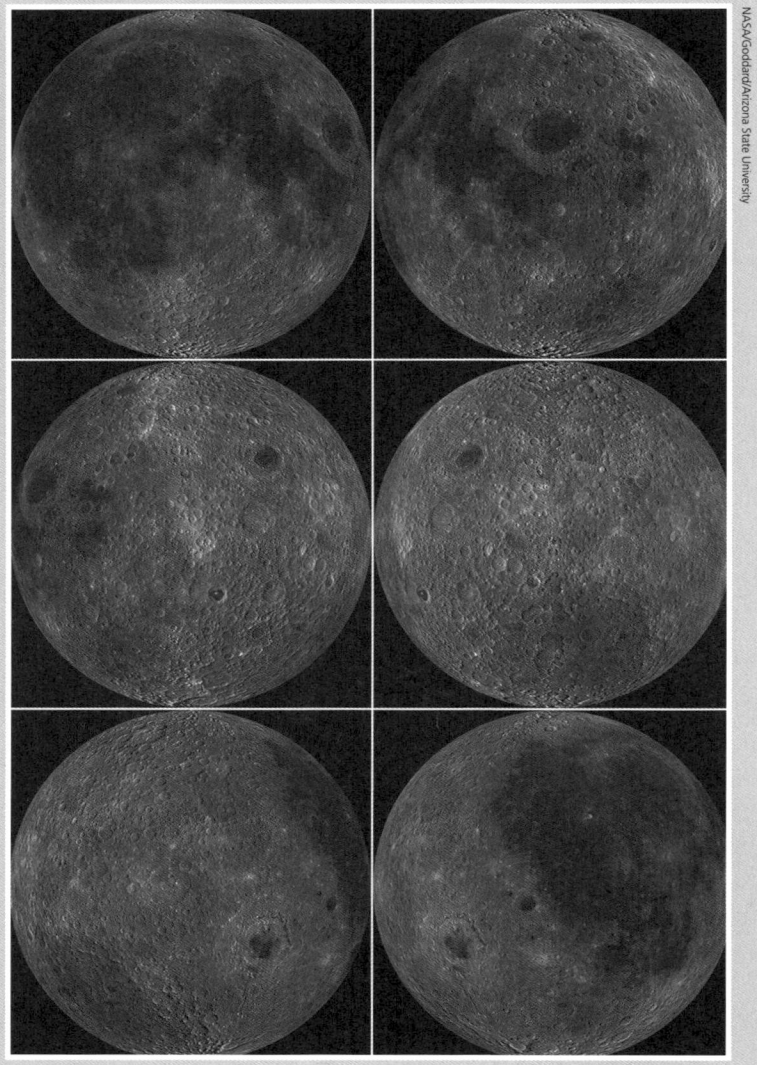

달의 양면.

목성

목성과 가니메데.

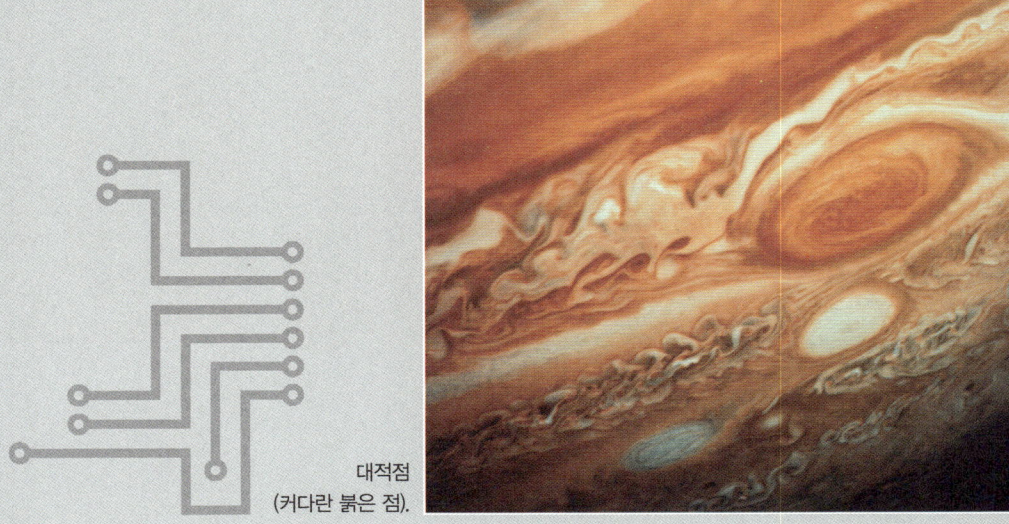

대적점
(커다란 붉은 점).

혜성들

혜성 아이손.

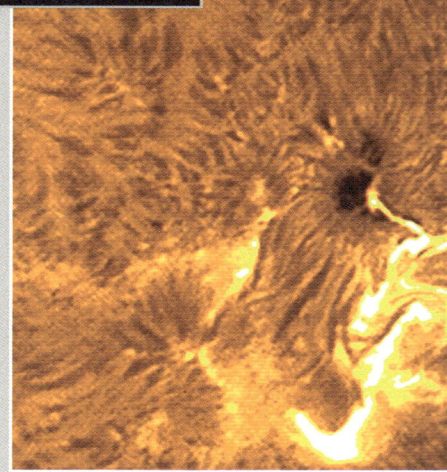

태양의 흑점.

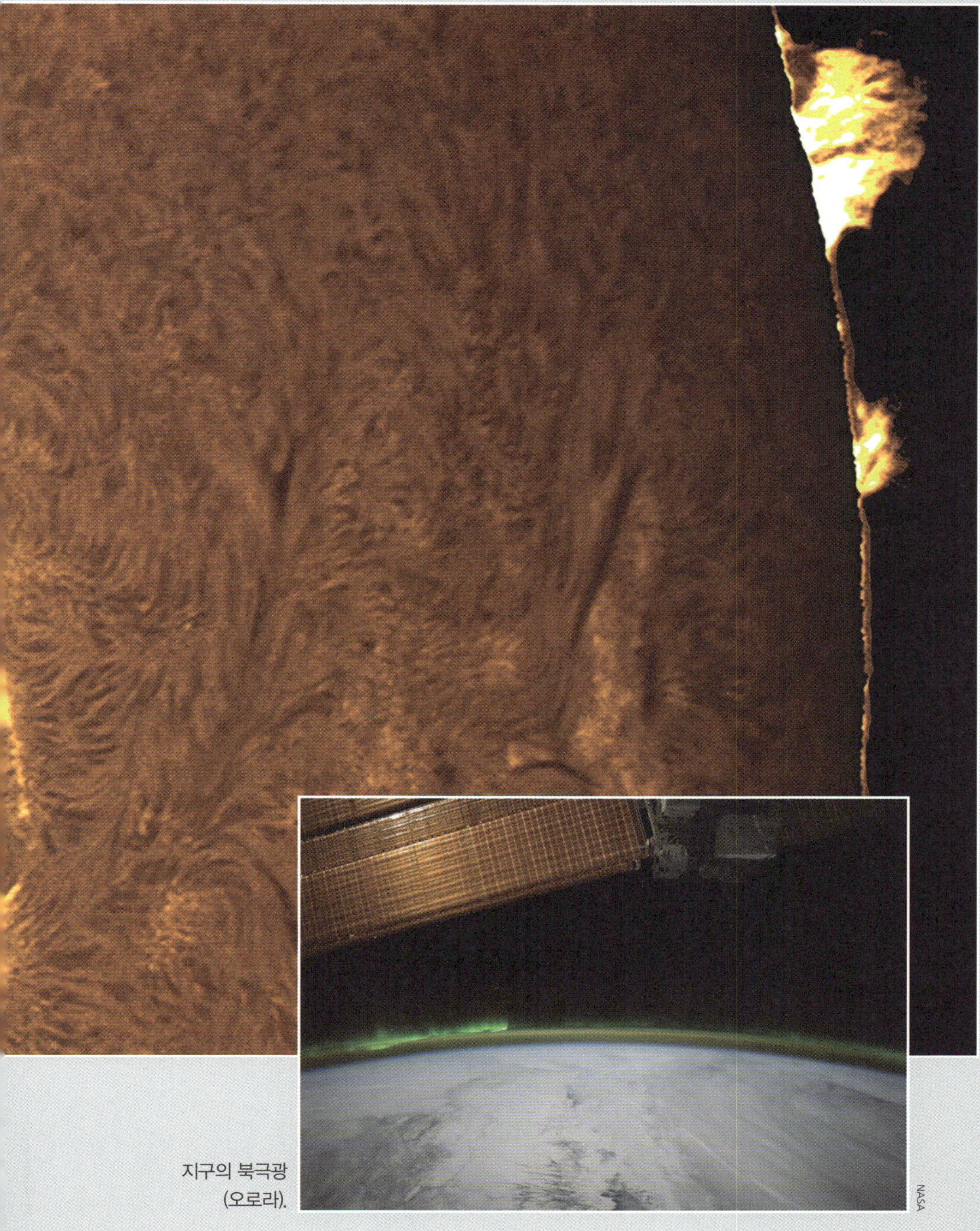

혜성들

지구의 북극광 (오로라).

NASA

우주 정거장

우주에서 촬영한 뮤직비디오 – 국제 우주 정거장 선장이었던 크리스 해드필드가 지구로 귀환 전, 영국 록 가수 데이비드 보위의 히트곡 '스페이스 오디티'를 직접 부르며 찍은 뮤직비디오이다.

'엑스퍼디션 35호' 임무의 승무원들.

달의 어두운 면

달의 어두운 면이라고 하면 늘 밤만 계속되는 곳 같지만, 어떤 천문학자에게 물어봐도 그 말은 틀리다고 이야기해 줄 것이다. 천문학자들은 어두운 면이라는 말을 쓰지 않는다. 대신 달의 뒷면이라고 한다. 달의 뒷면은 지구처럼 밤과 낮이 모두 있다.

밤하늘의 달을 보면 우리가 지구의 어디에 있든지 그 모습이 친숙하다. 우리는 달의 앞면만 보기 때문에 늘 똑같은 모습만 본다. 그런데 왜 우리는 달의 다른 면을 볼 수 없는 것인가?

왜 달의 뒷면은 볼 수 없을까?

달은 지구를 공전하면서 스스로 자전도 한다. 달이 지구를 한 바퀴 공전하는 시간은 한 바퀴 자전하는 시간과 똑같은 29일이다. 만약 달이 자전하지 않으면 우리는 달의 앞면과 뒷면 등 모든 면을 볼 수 있을 것이다. 지구도 태양을 공전하면서 자전하기 때문이다. 하지만 지구도 돌고 달도 돌기 때문에 우리는 늘 달의 같은 면만을 보게 되었다. (달의 속도가 지금처럼 늦어진 것은 지구의 중력 때문이다.)

달의 위상

지구와 달이 태양을 도는 궤도 속 위치가 계속 바뀌기 때문에 달의 위상이 생긴다.
- 달이 지구와 태양 사이에 들어오면 초승달이 된다. 달은 앞면이 밤이라서 지구에서는 어두워 보인다.
- 지구가 태양과 달 사이에 들어가면 보름달이 된다. 달의 앞면이 햇빛이 환하게 비치는 낮이라서 우리에게 밝게 보이는 것이다!

지구에서는 달의 뒷면이 보이지 않지만, 우주 비행사들은 그곳에 방문했다. 한 우주 비행사는 달의 뒷면이 어린 시절 놀이터의 모래밭과 비슷해 보인다고 말했다!

애니가 신발로 땅바닥을 긁자, 먼지 낀 얼음 조각이 위로 떠올랐다.

"이제 우주에 물이 있다는 걸 확실히 알았고, 숙제에 쓸 내용이 많아졌어. 그러니까 우리를 집에 데려다줘. 부탁해."

애니가 부탁한다고 덧붙인 것은 코스모스가—적어도 예전의 코스모스는—예의 바른 태도를 좋아했기 때문이다.

그러자 코스모스는 감정 없는 기계 목소리로 말했다.

"10분, 9분 59초, 9분 58초……."

"10분 동안 기다리라는 건가?"

조지가 물었다. 10분이 긴 시간은 아니었지만, 집에 가지 못하고 우주에 묶여 있을 때는 몇 초라도 까마득히 길게 느껴질 수 있었다.

갑자기 애니가 겁먹은 목소리로 말했다.

"잠깐! 뒤를 봐! 명령을 취소하고 더 빨리 집에 갈 수 있게 새로운 명령을 내려야 해!"

조지가 돌아섰다가 깜짝 놀랐다. 조금 전까지만 해도 먼지 낀 달의 표면은 아무것도 없이 텅 빈 공간이었는데, 갑자기 먼 곳에 솟은 바위 지대에 조그만 자동차 같은 것이 보였다. 그 뒤로 달의 산등성이들이 검은 하늘 앞에서 희미하게 빛났다.

애니가 소리쳤다.

"달 탐사차야! 어느 달 탐사선이 두고 간 게 틀림없어. 그런데

왜 움직이지? 누가 운전하는 거야?"

애니의 목소리가 공포로 인해 높이 솟았다.

조지는 두 다리가 얼어붙었고, 우주 헬멧 안에서 입이 딱 벌어졌다. 조지가 애니를 달랬다.

"괜찮아. 여기까지는 거리가 꽤 되니까. 코스모스가 문을 열어 주면, 저게 여기 도착하기 전에 떠날 수 있어. 저 많은 크레이터를 피해 오려면 시간이 아주 오래 걸릴 거야."

하지만 그다음에 벌어진 일은 조지가 전혀 예상하지 못한 것이었다. 탐사차의 문이 열리더니 반짝거리는 로봇 두 대가 뛰어나온 것이다. 그것들은 결연한 걸음으로 성큼성큼 땅을 주파하며 애니와 조지 쪽으로 달려오기 시작했다.

코스모스는 전혀 신경 쓰지 않는 목소리로 시간만 세었다.

"8분 30초, 8분 29초."

"코스모스, 얼른 문을 열어!"

애니가 소리쳤다.

로봇들은 빠른 속도로 다가왔다. 몸은 은색이었고 긴 팔다리가 짧고 튼튼해 보이는 몸통에 달려 있었다. 머리는 사각이고, 멀리서도 얼굴이 무서워 보였다. 한 걸음 한 걸음마다 두 팔이 튼튼한 다리와 박자를 맞추어 움직였다. 달나라 산책에서 만나고 싶은 로봇이 아닌 건 분명했다. 그것들은 점점 가까워졌고, 그 발밑에서 돌멩이들이 부서졌다.

하지만 여전히 코스모스는 태평하게 시간만 세었다.

"8분 28초, 8분 27초……."

애니가 답답해서 소리쳤다.

"코스모스가 우리 말을 듣지 않아. 우리가 저 로봇들한테 잡히기를 바라나 봐!"

조지가 말했다.

"저게 뭔지는 몰라도 위험한 것 같아. 애니, 우리가 여기서 나갈 다른 방법을 혹시 아니?"

"아니, 잠깐, 한 가지가 있어! 이봇!"

애니는 특수 안경을 이용해서 안드로이드를 부르려고 했다.

"젠장!"

우주 헬멧 안에서 애니는 미친 듯이 눈동자를 굴리고 눈썹을 움직여서 이봇을 활성화시키려고 했다. 그래서 결국 이봇의 시야로 바꾸는 데는 성공했지만, 이봇은 잠이 든 것 같았다.

애니가 답답해서 소리쳤다.

"왜 이게 작동이 안 되지? 전에는 잘 됐는데!"

"8분 2초."

코스모스는 무감각하게 말했다.

로봇들의 속도를 보면 코스모스가 우주의 문을 열기 전에 너끈히 그들에게 도착할 것 같았다. 그리고 코스모스가 정말로 문을

열어 줄지도 알 수 없었다. 달아날 곳도 없었기 때문에 조지는 선택지는 하나라고 판단했다. 맞서서 싸워야 했다. 조지는 허리를 쭉 펴고, 로봇에 당당하게 맞설 준비를 했다.

그렇게 결정을 내리자 조지의 마음이 놀라울 만큼 차분해졌다. 이번이 용기를 발휘할 때라면 그렇게 할 것이다. 놈들이 오기를 기다렸다가 맞서 싸울 것이다. 각오는 되어 있었다.

조지의 뒤에서 애니는 계속 이봇을 깨우려고 애를 썼다. 로봇 한 대가 땅바닥의 커다란 구멍을 뛰어넘으려다가 미끄러져서 크레이터 안으로 추락했다. 하지만 다른 한 대는 계속 두 팔을 양옆으로 뻗은 채 달려왔다. 아직도 거리는 꽤 멀었지만, 빠르게 가까워졌다.

마침내 애니가 눈썹을 움직여서 이봇을 작동시키는 데 성공했고, 이봇이 잠에서 깨어났다. 애니는 에릭이 안경에 설치한 다양한 명령 메뉴를 사용하여 이봇이 코스모스 앞으로 가게 만들었다. 하지만 이봇이 컴퓨터 앞에 가자 거기서 더 할 수 있는 일이 없었다. 이봇에게 다른 것을 시킬 수가 없었다. 지구의 안드로이드를 냉담하고 무정한 컴퓨터 앞에 세웠지만, 두 가지 기술을 연결할 방법이 없었다.

애니가 당황해서 조지에게 말했다.

"어떻게 해야 할지 모르겠어. 이봇의 손을 움직이는 법을 몰라!"

"내가 알아!"

조지는 우주 장갑 속에 촉각 장갑을 끼고 있었다. 조지가 한 손을 얼굴 앞에 흔들자, 애니는 이봇이 그 동작을 따라 하는 것을 이봇의 눈으로 보았다.

"코스모스의 명령을 취소하는 법을 알아?"

조지가 성큼성큼 다가오는 로봇을 두렵게 바라보며 물었다.

애니가 털어놓았다.

"잘 모르겠어. 하지만 자판을 막 누르다 보면 자동 기능 모드를 해제할 수 있지 않을까?"

"내가 해 볼게."

조지가 말했다. 그리고 컴퓨터 자판을 치는 것처럼 손가락을 꼼지락거렸다.

"내가 뭘 하는지 볼 수 있으면 좋을 텐데."

애니가 말했다.

"원격 안경을 주려면 헬멧을 벗어야 하는데 그럴 수는 없어! 그러면 내 머리가 터질 거야!"

애니는 아빠 서재 안은 볼 수 있었다. 그리고 조지와 이봇이 힘을 합해서 코스모스의 자판을 치려고 했지만 아무 소용없었다. 이봇의 손가락은 자판을 누르지 못하고 표면만 미끄러져 갔다.

애니가 말했다.

"다시 해 봐. 천천히! 한 번에 하나씩 누른다고 생각하고 아래로 꾹 눌러."

조지는 다시 한 번 두 손을 가슴 앞에 띄우고 손가락들을 신중하게 움직였다.

조지가 지구에서 36만 킬로미터 떨어진 곳에서 하는 행동에 따라 이봇이 코스모스의 자판을 눌렀다.

수수께끼의 로봇은 계속 다가왔다. 로봇은 달의 작은 중력을 활용해서 가볍고 빠르게 뛰었다.

그러는 동안 놀랍게도 조지와 이봇이 자판을 무작정 누른 일이 효과가 있는 것 같았다.

"시간 잠금 해제."

코스모스의 목소리는 여전히 기계적인 금속성을 띠었지만 어쨌거나 그 말은 그들이 듣고 싶은 말이었다.

"우주의 문 명령 재설정."

"우아!"

애니가 소리쳤고, 두 사람 앞에 익숙한 문이 서서히 생겨나기 시작했다.

"우주의 문이 생기고 있어! 우리가 해냈어, 조지! 시간에 딱 맞춰서 여기를 벗어날 수 있을 거야!"

그들은 다가오는 로봇을 돌아보았다. 문이 완성되고 그들이 그리 들어갈 정도의 시간밖에 남지 않았다.

애니가 기쁨에 조지를 끌어안다가 조지의 어깨 너머로 무언가를 보고 놀라 소리쳤다.

"어머나! 네 우주복 등에 붉은색 빛이 비쳐. 로봇이 너를 조준했어!"

갑자기 로봇이 빨라졌다.

애니가 비명을 질렀다.

"너를 조준했어! 로봇이 널 쏘면 절대 빗나가지 않을 거야!"

로봇은 점점 가까워졌다. 이제 보니 로봇의 팔 끝에는 손 대신 커다란 집게가 있었는데, 그중 하나가 무언가 발사할 기세로 조지를 겨냥하고 있었다. 로봇의 얼굴은 분노와 결의에 찬 딱딱한 표정이었다. 그리고 로봇이 발걸음을 쿵쿵 옮길 때마다 땅이 흔들렸다. 그러는 동안 우주의 문이 천천히 완성되었다.

로봇이 조지를 향해 손을 뻗은 바로 그 순간 문이 벌컥 열렸다. 그 안쪽으로 지구에 있는 에릭의 서재가, 그리고 안전이 보였다.

"조지!"

애니가 소리를 지르며 로봇에게 잡히기 전에 조지를 밀어 먼저 안으로 들여보냈다. 그리고 자신도 얼른 데구루루 굴러서 문을 통과했다. 우주의 문은 그들을 따라 나오려는 로봇 앞에서 천천히 닫혔다.

조지는 얼른 돌아서서 문이 닫히기 직전 로봇의 험상궂은 얼굴을 보았는데, 아까는 보지 못한 것이 눈에 들어왔다. 로봇의 얼굴 옆면에 글자 세 개가 새겨져 있었다. 'IAM'이었다. 그뿐이 아니었다. 우주의 문을 통과할 때, 조지의 우주 헬멧 속 음성 송신기로 이상한 로봇 목소리가 들렸다.

"QED, 벨리스 교수, QED."

마침내 로봇을 반대편에 두고 우주의 문이 닫혔다.

8장

애니와 조지는 바닥에 뻗은 채 공포와 흥분에 숨을 헐떡였다. 그러다가 시간이 좀 지나자 마침내 몸을 일으킬 수 있었다. 숨이 차기도 했지만 지구의 중력에 몸을 다시 적응시키기 위해서기도 했다. 지구는 달보다 중력이 훨씬 강하기 때문이다. 우주에서 지구로 돌아올 때마다 지구의 중력은 그들에게 충격을 주었다. 하지만 막상 당하기 전까지는 매번 그 사실을 잊었다.

"후유, 우주의 물에 대해 알아야 할 건 다 알게 된 것 같지?"

애니가 몸을 꼼지락거려 우주복을 벗으면서 말했다. 애니는 태연하게 말하려고 애썼지만, 헬멧을 벗은 애니의 파란 눈은 휘둥그레져 있었다.

애니는 곧장 코스모스로 가서 새로운 파일을 열고 '뮬'이라고 입력했다.

조지가 말했다.

"진짜 무서웠어! 그런데 문이 닫히기 직전에 내 귀에 'QED 벨리스 교수'라는 말이 들렸어! 그게 대체 무슨 뜻이지?"

애니가 말했다.

"QED는 대충 '이로써 증명되었다'라는 뜻이야. 아빠가 그 말을 하는 걸 들은 적이 있어. 하지만 달에 있는 로봇이 왜 너한테 그런 말을 해? 말이 안 돼. 이 일 전체가 다 말이 안 돼."

그러다 두 사람은 똑같은 데 생각이 미쳤다. 둘은 코스모스를 바라보았다. 코스모스는 그들과 사이가 좋았던 시절과 달라진 게 하나도 없는 것처럼 새침하게 에릭의 책상 위에 놓여 있었다.

조지는 겁이 났다. 이 컴퓨터가 정말로 자신들의 대화를 듣고 있는 건가? 코스모스 앞에서 말을 해도 괜찮을까? 아무리 생각해도 조지는 코스모스가 자신들에게 무슨 일을 하려고 한 건지 짐작도 할 수 없었다. 설마 그럴 수가 있나? 하지만 증거를 돌아보면, 코스모스는 자신들을 분출 직전의 얼음 화산에 데려다 놓았고, 그런 뒤에는 외부인을 싫어하는 것 같은 무서운 로봇들이 있는 달의 지역에 옮겨 놓았다.

"이제 어떻게 하지?"

조지가 조심스럽게 물었다.

코스모스가 애니에게 제안했다.

"우주의 물에 대해 조사한 것을 메모해야 하지 않아? 숙제할 시간이 그렇게 많지 않다고."

아직도 본래의 코스모스 목소리가 아니었다. 이번에는 부드럽기는 했지만 약간 위협하는 기미가 있었다. 화면에서 코스모스는 애니가 입력한 글자 '뮬'을 '물'로 바꾸었다.

"물론 그래야지."

애니가 기운 없이 말했다. 자리에 앉아서 그 야심 찬 숙제를 계속할지 아니면 소리를 지르며 방에서 뛰쳐나갈지 결정을 못 내리는 것 같았다.

조지는 토성의 위성에서 화산 분출로 죽을 뻔한 고비를 간신히 넘기고 돌아와서 그렇게 곧바로 학교 숙제 이야기를 하는 것이 놀라웠다. 그는 에릭의 서재와 지구의 생활에 다시 적응하는 것, 모든 일이 정상인 것처럼 코스모스와 대화하는 것이 쉽지 않았다.

"좋아."

코스모스가 말했다. 이봇은 조용히 구석으로 돌아가 있었다. 그 모습이 꼭 버려진 커다란 인형 같았다.

애니와 조지는 답답한 표정을 주고받았다.

애니가 속삭였다.

"일단 코스모스가 시키는 대로 하자. 그러면 코스모스가 어떻게 된 건지 알 수 있을지도 몰라."

그런 뒤 애니가 입을 열었고, 코스모스는 애니가 하는 말을 스크린에 띄웠다.

"물은 수소 원자 두 개와 산소 원자 한 개로 이루어진 분자다.

물이 만들어진 건……."

애니가 말을 멈추고 물었다.

"물은 어떻게 만들어지지?"

조지가 이어 말했다.

"물은 별이 만드는 거지? 그렇지, 코스모스?"

이 슈퍼컴퓨터와 대화를 하다보면, 그들이 사랑했던 코스모스가 왜 이렇게 됐는지 알아낼 수 있을지도 몰랐다. 그들은 마치 공포 영화에서 시간을 벌고 달아날 방법을 찾기 위해서 위험한 미치광이를 달래는 아이들이 된 것 같았다.

"맞아."

코스모스가 말했다. 아이들이 자신의 전문 분야—우주와 그 안의 모든 것—에 관련된 것을 물어보자 코스모스는 약간 친절해진 것 같았다.

"우주에 있는 물 대부분은 별이 형성될 때 만들어져. 별이 만들어질 때 주변 구름의 고압과 고온 때문에 수소와 산소 원자가 결합되거든. 물은 지구 표면의 71퍼센트를 이룰 만큼 많아서 우리가 직접 만들 필요는 없어. 하지만 물이 왜 지구로 왔는지는 아직 아무도 정확히 몰라."

갑자기 조지에게 좋은 생각이 떠올랐다. 잘 될지 확신할 수는 없었지만 시도해 볼 만한 것 같았다. 애니가 계속 코스모스의 관심을 붙잡아 둔다면, 그 사이에 자신이 컴퓨터 시스템을 살펴보고, 거기 무슨 일이 일어났는지 또 자신이 고칠 수 있을지 알아보는 것이었다. 조지는 지난 여름 방학 때 함께 지냈던 친구 에메트만큼 IT의 천재는 아니었지만, 그래도 에메트에게 그리고 IT 수업 시간에 많은 걸 배웠다. 어쨌건 한 번 해 볼 만했다. 뒤져 보니 종이 한 장과 그럭저럭 써지는 펜이 나왔다. 조지는 종이에 글을 써서 애니에게 보여 주었다.

**코스모스한테 계속 말을 걸어 줘.
그리고 네 스마트폰 좀 줘 봐.**

"어, 코스모스. 그런데 물이 왜 그렇게 중요한 거야?"
애니가 스마트폰을 조지에게 슬쩍 건네며 물었다.
그러자 코스모스는 열심히 대답했다.
"아, 물은 너희 인간에게 가장 중요한 분자 중 하나야. 왜냐하면 우리가 아는 생명은 물 없이는 살 수 없거든. 인체는 60퍼센트 정도가 물로 되어 있고, 사람들은 물 없이는 며칠 이상 견디지 못해. 몸 안에서 일어나는 수많은 화학 반응에 물이 필요하니까. 식물도 자라는 데 물이 필요해."
애니가 아주 다정하게 말했다.
"그래, 맞아. 훌륭한 설명이야. 코스모스. 역시 넌 똑똑해."
컴퓨터가 이야기하는 동안 조지는 코스모스에 조심조심 백업 하드 드라이브를 연결하고 이어 애니의 스마트폰을 애니네 집 와이파이에 연결했다. 원격으로 코스모스에 접속해서 시스템의 문제를 찾아보려는 것이었다. 조지는 애니에게 계속 코스모스와 이야기하라고 손짓했다. 그래야 코스모스가 조지가 하는 일을 알아차리지 못할 가능성이 있었다.

"코스모스, 물과 생명은 어떻게 연결되지?"

애니가 스크린을 유심히 바라보면서 물었다.

"좋은 질문이야."

컴퓨터가 대답했다. 다행히 코스모스는 설명에 깊이 몰두한 듯 조지가 하는 일에 반응하지 않았다.

"사실 물은 생명에 몹시 중요하기 때문에 다른 행성에 생명이 있는지 알아볼 때는 먼저 물이 있는지부터 찾지. 만약 물이 없으면 생명이 없다고 봐도 좋아. 생명의 구성 요소를 만드는 화학 작

용은 물을 이용해서 일어나거든. 물이 없으면 생명 분자를 쉽게 만들 수 없어."

"고마워."

애니는 이제 일이 다 해결됐기를 바라면서 조지를 건너다보았다. 하지만 그때 복도에서 시끄러운 소리가 났다. 둘은 어느새 저녁이라는 것을 깨달았다. 둘이서 우주에서 얼마나 있다 온 건지 애니도 조지도 몰랐지만, 그들이 탐험을 하는 동안 낮이 다 지나가 버린 것 같았다.

"왜 바깥에 있는 차에 이불이랑 생수가 가득한 거요?"

에릭이 물었다.

"당신한테 전할 소식이 있어요."

수잔이 대답했다. 그 목소리는 수잔 자신도 이런 사실이 믿기지 않는다는 듯 평소보다 상당히 높았다.

"당신도 기쁠 거예요. 우리 친정 식구들이 오고 있어요."

에릭의 목소리는 벽 너머에서 들리는데도 당황한 기색이 역력했다.

"당신…… 친정 식구? 몇 명이나?"

"그러니까…… 전부."

그러더니 수잔은 히스테릭한 웃음을 터뜨리며 덧붙였다.

"인터넷에서 공짜 항공권을 구해서 호주에서 여기로 오고 있대요!"

에릭은 기가 막힌 듯 소리쳤다.

"말도 안 돼! 당신네 식구가 전부 온다니? 이게 대체 무슨 날벼락이지?"

두 사람이 그렇게 이야기하면서 서재로 들어왔고, 애니와 조지는 코스모스 앞에 얌전히 앉아 있었다. 코스모스의 스크린에는 애니의 화학 숙제가 떠 있었다.

과학자이며 교육자인 에릭은 이 와중에도 그 글을 몇 줄 읽지 않을 수 없었다.

"산소 한 개가 수소 두 개와 결합해서 H_2O가 된다. 훌륭해."

에릭이 뿌듯한 목소리로 말했다.

"그래, 잘했어. 너희가 이렇게 열심히 공부하는 모습을 보니 좋구나. 고맙다. 다른 일은 다 엉망진창이 되고 있는 것 같지만. 도대체 이걸 어떻게 이해해야 할지 모르겠다."

"아 그래, 잘했네."

애니의 엄마도 컴퓨터 화면을 보고 칭찬했다.

"어쨌거나 너하고 조지는 걱정할 필요가 없으니 다행이야. 지금 걱정거리가 또 하나 생긴다면 돌아버릴 거야! 바깥은 난장판이야. 쇼핑이 얼마나 힘들었는지 몰라. 다른 사람들도 나처럼 호주에서 친척 아홉 명이 오는지 다들 미친 듯이 물건을 사더구나. 어떤 사람은 날더러 사재기를 한다고 욕을 했어!"

애니와 조지는 서로를 바라보고 한숨을 쉬었다. 확실히 어른들은 아무 도움이 안 될 것 같았다.

"아빠, 이게 다 무슨 일이에요?"

애니가 물었다. 에릭은 서재의 서랍들을 뒤지고 있었다.

에릭이 말했다.

"애니야, 나도 솔직히 무슨 일인지 모르겠다. 전 세계의 컴퓨터가 다 이상하게 행동하고 있는데, 아무도 그 이유를 몰라. 짐작하기로는 사방에서 인터넷 보안 규약이 전부 유출돼서 메시지가 탈취되고 고약한 명령이 내려지는 것 같아. 그래서 아주 이상한 일들이 벌어지고 있지."

애니가 물었다.

"어떤 일들요? 공짜 항공권 같은 거요?"

에릭이 대답했다.

"그래, 그뿐이 아니야. 사막의 한 댐이 문을 열기도 했어. 그곳의 컴퓨터 시스템이 수문을 열어서 물을 전부 내보냈지. 드론들은 이륙을 하지 않아. 군대에서 컴퓨터로 조종하는 무인 항공기 말이야. 온라인 채팅 서비스도 다 다운되었고. 뭐 그건 다른 일들에 비하면 그렇게 큰 문제는 아닌 것 같다만. 지금 식품 배달이 지연되고 있고, 이러다 다음에는 전기 쪽에 문제가 생기지 않을까 걱정이구나."

"누가 세상의 모든 컴퓨터를 해킹하는 건가요?"

조지가 물었다.

"모르지!"

에릭이 날카로운 웃음을 터뜨렸다. 일이 잘 풀리지 않을 때 어른들이 터뜨리는 그런 종류의 웃음이었다.

"믿을 수 없지만 정말로 세상의 모든 시스템이 해킹을 당한 것 같아! 지금 안전한 통신 수단은 서로 얼굴을 맞대고 이야기하는 것뿐이야!"

"스마트폰도 위험해요?"

애니가 묻자 에릭이 대답했다.

"그래. 모든 게 다. 세상의 모든 시스템이 다 무방비 상태가 된 것 같아."

에릭은 코스모스에 연결되어 있던 백업 하드 드라이브를 뺐다. 조지가 코스모스의 시스템을 확인하는 데 쓰던 것이었다.

"이걸 가져가야겠다. 바깥에 있을 때 코스모스의 자료가 필요할지도 모르니까."

"누가 이런 일을 하는 걸까요?"

조지가 물었다.

에릭이 심각한 목소리로 대답했다.

"글쎄. 개인일 수도 있고, 나쁜 국가일 수도 있고, 기업일 수도 있겠지. 표적이 너무 중구난방이라서 어떤 사람들은 우주 기상 때문인 건 아닐까 생각해. 외계인의 소행이라고 생각하는 사람도 있어. 지상의 신호는 전혀 잡히지 않았으니까."

"아저씨 생각은요?"

조지가 물었다.

"나? 내 가설은 별로 인기가 없는데……."

에릭이 얼굴을 찌푸렸다.

"나는 누군가 양자 컴퓨터를 개발하고 그걸로 지상의 모든 시스템에 침투하는 것 같아. 그게 누구고, 아직 누구도 못한 그런 일을 어떻게 하는 건지는 몰라. 정말 모르겠어. 하지만 보통 문제가 아니라는 건 확실해. 이제 가야겠다."

"어디로요?"

애니가 소리쳐 물었다.

에릭이 한숨을 쉬며 손으로 머리카락을 흩뜨리고는 애니의 이마에 입을 맞추었다.

"미안하지만 너희한테도 말할 수가 없구나. 밖에 차가 기다리고 있어. 너희는 집에 있으면 안전할 거야. 우리가 몇 시간 안에 이 문제를 해결하마."

"하지만 우리가 할 일은 없나요?"

애니가 물었다.

에릭이 대답했다.

"음……. 화학 숙제를 하렴! 오늘 다

끝내는 거야. 이따가 내가 집에 오면 그걸 읽을 수 있게 해 다오."

그러더니 에릭은 코스모스의 자판을 눌러 몇 개의 명령을 입력했다.

"네가 화학 숙제에 코스모스를 이용할 수 있게 허용했어. 하지만 안전을 위해서 다른 기능은 모두 차단했어. 코스모스는 숙제와 관련된 일에만 쓸 수 있을 거야. 설마 사악한 해커가 네 화학 숙제에 관심을 갖지는 않겠지. 이게 정말 해커 때문에 발생한 문제라면 말이야."

조지는 기분이 가라앉았다.

애니가 말했다.

"잠깐요! 그러면 코스모스를 안 가져가시는 거예요? 이봇도?"

에릭이 말했다.

"그래, 안 가져가. 디지털 발자국 없이 다닐 거야."

에릭은 그렇게 말하고, 새로 생긴 커다란 미스터리를 풀기 위해 서재를 나갔다. 그는 복도를 달려가다가 수잔과 부딪혔다. 에릭은 아내를 안으려 했지만 그럴 수 없었다. 수잔이 품에 이불을 잔뜩 안고 있었기 때문이다. 그래서 에릭은 수잔의 코에 간신히 입을 맞추고 현관 밖으로 사라졌다.

수잔이 소리쳤다.

"애니! 나 좀 도와주겠니? 손님들 잠자리를 만들어야 해."

애니가 말했다.

"마당에 천막 치고 자면 안 돼요? 날도 안 춥고, 화상 전화하면 그분들은 늘 호주 오지로 모험을 갔던 이야기를 하잖아요."

엄마가 말했다.

"그거 좋은 생각이구나! 그러면 텐트를 찾아서 쳐 보자!"

"좋아요, 저한테 맡겨 주세요!"

애니가 대답했다.

조지가 애니에게 조용히 말했다.

"애니, 너네 아빠한테 IAM하고 로봇들에 대해서 못 물어봤어. QED도. 또 코스모스 일도. 아무것도 못 물어봤어!"

애니의 목소리에 짜증이 배었다.

"나도 알아! 하지만 어쩔 수 없었잖아. 아빠가 휙 들어왔다가 휙 나갔는걸. 그리고 코스모스 앞에서는 제대로 이야기를 할 수도 없어."

조지가 말했다.

"그리고 아저씨가 내가 코스모스를 살펴보던 하드 드라이브를 가지고 가셨어. 코스모스가 해킹을 당해서 이렇게 이상해졌는지 알아보려고 했는데. 이제는 알 수 없게 되었어."

애니가 말했다.

"오늘은 이만 헤어지자. 네가 우리 집 마당에 함께 텐트를 칠 생각이 없다면 말이야. 나중에 봐. 네가 없는 동안 내가 알아낼 만한 게 있는지 나도 잘 생각해 볼게."

양자 컴퓨터

컴퓨터는 이제 우리 일상의 거의 모든 영역에서 떼어놓을 수 없는 존재가 되었다. 오늘날 컴퓨터는 집에도 있고, 자동차에도 있으며, 많은 사람들이 어디를 가든지 휴대용 기기 형태의 컴퓨터를 들고 다닌다. 이러한 기술 혁명이 가능해진 것은 우리가 세상의 특징을 이해하고 그것을 이용할 수 있게 되었기 때문이다. 이런 이해의 핵심에 수학이 있다.

수학자들에게 낸 문제

1900년에 독일의 수학자 다비트 힐베르트는 수학자들에게 23문제를 내고 풀어 보라고 했다. 영국 수학자 앨런 튜링이 그중 한 문제를 풀었는데, 그 문제는 우리가 어떤 수학적 명제가 참인지 아닌지를 제한된 시간에 언제나 알아낼 수 있는지를 밝히라는 것이었다. 이에 대해 튜링은 기계적 방식으로 공리를 도출하는 가상의 기계를 만들어 보자는 제안으로 대응했다. 이 기계가 바로 튜링 기계로, 컴퓨터의 시초라 할 수 있다.

고전 vs 양자

갈릴레오, 뉴턴, 맥스웰 같은 과학자는 우리 주변의 세계를 정확하게 기술했고, 고전 역학의 이론들을 찾아냈다. 하지만 원자와 분자 규모의 세계를 연구하기 시작하자 고전적 접근법은 무너지고 새로운 이론과 규칙이 필요해졌다. 그것이 '양자 역학'이다.

양자 역학의 규칙은 고전 역학의 규칙과는 크게 다르다. 예를 들어 '중첩 원리'는 양자 역학의 한 방정식의 한 가지 답이 A이고, B도 한 가지 답이라면 A+B도 답이라고 한다. 이게 무슨 뜻일까? 전자를 예로 들어 보면, 전자가 여기 있다는 게 한 가지 답이고, 전자가 저기 있다는 게 또 한 가지 답이라면, 한 개의 전자가 '동시에' 여기와 저기에 모두 있는 것도 답이라는 것이다. 슈뢰딩거라는 물리학자는 이 가능성을 끝까지 밀고 나가서 양자 수준에서는 고양이가 동시에 살아 있으면서 죽어 있을 수도 있음을 보여 주었다. 하지만 물론 일상적인 영역에서는 볼 수 없는 일이다.

양자 원리를 컴퓨터에 사용하기
1. 먼저 한 비트의 정보를 양자 비트—큐비트—로 변환시키면, 이것은 상태 0과 1이 동시에 중첩된 채 인코딩될 수 있다.
2. 따라서 큐비트가 2개면, 4가지 상태—00, 01, 10, 11—가 중첩되어 있을 수 있다. 이제 3개의 큐비트를 상상해 보자. 000, 001…… 111까지 모두 여덟 개의 상태가 있다.
3. 상태의 숫자는 큐비트의 숫자에 따라 기하급수적으로 늘어난다. 고전적 컴퓨팅에서 사용하는 '또는(0 또는 1)'을 양자 컴퓨팅의 '그리고(0 그리고 1)'로 바꾸는 것만으로도, 컴퓨팅 능력은 기하급수적으로 커질 수 있다!
4. 이에 따르면 컴퓨팅 규칙을 바꾸면, 새로운 알고리즘을 개발하고 풀 수 있는 문제의 유형을 과감하게 바꿀 수 있다. 물론 그렇다고 양자 컴퓨터가 모든 문제에 이점이 있는 것은 아니다.
5. 어떤 문제들에는 양자 컴퓨터가 무시무시한 능력을 발휘한다. 양자 알고리즘의 한 가지 예는 두 개의 소수의 곱인 큰 수를 인수 분해 하는 것이다. 이것은 고전 컴퓨터에게는 어려운 문제로, 오늘날 사이버 보안의 토대가 된다. 양자 컴퓨터는 인수 분해 문제를 쉽게 풀고 암호를 해독할 수 있을 것이다. 양자 알고리즘은 다른 복잡한 학문들에도 적용할 수 있다. 재료 과학(새로운 양자 재료를 만들고 그것의 성능을 이해하는 데), 화학(큰 원자와 분자들의 행동을 예견하고 이것을 약품 설계 등에 적용하는 데), 보건(새로운 유형의 센서를 만듦으로써)뿐 아니라, 아직 상상하지 못한 분야도 많다. 이 원리는 원자나 분자 같은 양자 입자들과 대화를 주고받을 수 있는 새로운 언어를 개발하게 해 주었다.

> 양자 역학은 우리 세계의 구성 요소를 이해하는 데 핵심 역할을 했다. 양자 정보 과학은 양자 역학을 활용해서 양자 컴퓨터, 양자 암호, 양자 센서뿐 아니라 아직 상상도 하지 못한 많은 기술을 발전시킬 크나큰 기회를 제공한다.

조지가 집으로 돌아왔을 때 엄마와 아빠는 어리둥절한 표정을 하고 있었다. 식탁에는 엄마가 만든 빵이 있었는데, 두 분은 그걸 뚫어지게 보고 있었다. 조지는 무슨 일인지 설명을 기다렸지만, 두 분은 자리에 서서 너무 탄 데다 별로 부드럽지 않아 보이는 빵을 바라보고만 있었다.

"어, 엄마 아빠……."

조지가 말했다. 집이 조용한 걸 보니 쌍둥이들은 이미 잠자리에 든 게 분명했다.

"왜 빵을 보고 있어요?"

아빠가 대답했다.

"아까 누가 이 빵을 천 파운드(우리 돈으로 150만 원가량-옮긴이)에 사겠다고 했거든."

조지가 소리쳤다.

"네? 이걸 천 파운드에요? 그런데 안 파셨어요? 그런 엄청난 기회를 그냥 보낸 거예요?"

엄마가 조용히 말했다.

"난 잘 모르겠다. 오늘이 우리 차례라서 협동조합에 갔더니, 사람들이 식료품을 사겠다며 수레에 돈을 잔뜩 싣고 왔어."

"하지만 원래 협동조합에서는 돈을 안 받잖아요!"

조지가 말했다. 협동조합은 조지의 부모님이 가입한 단체로, 사람들은 돈을 내지 않고 물건과 서비스를 교환했다.

아빠가 말했다.

"우리도 그렇게 말했지. 그런데 지금 보니까 다른 곳은 먹을 게 하나도 없는 것 같아!"

엄마가 덧붙여 말했다.

"지금 사람들은 은행 기계에서 나온 돈이 잔뜩 있는데, 돈이 있어도 살 수 있는 게 없어! 그래서 우리는 빵을 안 팔았어. 이제 돈이 아무 가치도 없는 것 같거든."

"엄마가 만든 빵을 천 파운드에 사겠다니, 왕 충격이지?"

아빠가 보기 드문 유머 감각을 발휘하며 말했다.

그때 지지지 하는 소리에 이어 탁 소리가 나더니 집의 전등이 모두 꺼졌다.

세 사람은 어둠 속에 서 있었다.

"아기들!"

엄마가 소리치고 어둠 속으로 더듬으며 2층으로 가려고 했다.

아빠가 엄마를 안심시켰다.

"애들은 괜찮을 거야. 그냥 전기가 나간 거야. 아니면 풍력 패널이 떨어졌는지도 모르지."

조지의 가족은 따로 풍력 발전기를 돌려서 전기를 자급자족하려고 했지만, 아직 일반 전기선에도 연결되어 있었다.

조지는 더듬더듬 뒷문으로 나가서 밖을 내다보았다. 보이는 빛이라고는 하늘의 별빛뿐이었다. 어느새 밤이 아주 깊어 있었다.

"다른 곳들도 다 전기가 나갔어요!"

조지가 소리쳤다. 폭스브리지 전체에 전기가 끊겨 있었다. 빛 공해가 전혀 없는 이런 날 토성의 사진을 찍으면 끝내줄 것 같았다. 하지만 그 생각을 오래 할 수 없었다. 조지의 아빠가 이럴 때 가만있을 수 없다고 판단했기 때문이다.

아빠가 말했다.

"조지야, 아빠가 지붕에 올라갈 테니 네가 좀 도와주겠니? 터빈을 살펴봐야겠다. 풍력 발전기가 안 돌아가는 걸 보니, 뭔가 문제가 있는 모양이야. 정전이 됐어도 풍력 발전기를 고치면 전등은 켤 수 있어."

손전등을 켜 들고 어두운 집을 지나가는 일은 생각보다 훨씬 오싹했다. 어둠 속에서는 친숙한 물건들도 무서워 보였다. 조지의 아빠가 연장을 보관하는 벽장은 아빠를 집어삼킬 것처럼 보였다. 계단은 드라큘라 성의 계단 같았다. 계단 꼭대기의 서랍장은 거대한 비석 같았고, 똑딱거리는 시계 소리는 운명의 종소리 같았다. 조지는 아빠가 앞서고 자신은 그 뒤에 몸을 숨기고 가는 게 안심이었다. 혹시 어떤 무서운 것이 달려들지도 몰랐다. 여동생들이 부드럽게 코 고는 소리도 먹잇감을 기다리는 좀비들의 숨소리 같았다.

그들은 2층에 올라가서 깨금발로 쌍둥이들 방에 들어갔다가

창밖으로 나가서 지붕에 올라갔다. 그랬더니 과연 아빠의 말이 맞았다. 풍력 패널 하나가 떨어져 있었다.

발전기는 평소에 아주 잘 돌아갔다. 조지의 아빠는 그런 발전기를 자랑스러워했다. 터빈은 바람의 힘을 이용해서 자석을 구리 철사들 주변에 돌리고, 그 결과로 약간의 전기를 만들었다. 조지의 아빠는 하필 마을에 정전이 일어났을 때 풍력 패널이 고장난 것이 안타까웠다.

조지는 연장통을 든 채 넓적한 창턱에서 몸의 중심을 잡았고, 아빠는 다락방 창문 위의 지붕으로 올라갔다. 거기에 풍력 패널이 있었다. 그때 조지가 나무 집에서 손전등 불빛이 비치는 걸 발견했다. 조지는 눈을 찌푸리고 도대체 그게 무얼지 생각해 보았다. 저기 왜 불이 켜진 거지? 조지는 어리둥절했다. 다시 그쪽을 보았다. 손전등이 켜졌다 꺼졌다 하는 것 같았다.

"망치 좀 주렴."

아빠 테렌스가 경사진 지붕에 걸터앉아서 말했다.

조지는 아빠에게 망치를 올려 주었다. 나무 집을 좀 보라는 말은 할 수 없었다. 고개를 돌리다가 자칫 지붕에서 떨어질지도 몰랐기 때문이다. 조지는 말없이 손전등 불빛이 켜졌다 꺼졌다 하는 것을 보았다. 불빛은 빨리 움직이다가 느리게 움직이다가 했다. 얼마간 지켜보니 불빛의 움직임에 패턴이 있었다. 빠름, 빠름, 빠름, 느림, 느림, 느림, 빠름, 빠름, 빠름.

"아빠?"

조지가 조심스레 불렀을 때 아빠는 망치로 엄지손가락을 찧어 소리를 질렀다.

"아야!"

그때 집 반대쪽에서 부시럭거리는 소리가 났다. 행인들이 서둘러 길을 가고 있었다.

"인터넷에 보니까 누가 늑대인간을 잡았다고 하던데."

행인 한 명이 일행에게 말했다. 그 목소리는 조용한 밤공기에 실려서 아주 또렷하게 들렸다.

"무슨 일이야?"

테렌스가 엄지손가락을 입에 물고 말했다.

"불빛이 세 번은 짧게, 세 번은 길게, 다시 세 번은 짧게 깜빡거리는 게 무슨 뜻인가요?"

"단-단-단, 장-장-장, 단-단-단? 그건 모스 부호야. SOS를 가리키지."

아빠가 손가락을 입에 문 채 말했다.

'누가 나무 집에서 SOS 신호를 보내는 거지?'

조지가 별일 아닌 듯 물었다.

"아빠, 알고 있는 모스 부호 더 없어요?"

아빠는 풍력 패널에 열중해 있어서 그 질문이 이상하다고 생각하지 않는 것 같았다.

"아, 내 이마에도 전등이 있었지."

아빠는 그렇게 말하면서, 고무줄로 이마에 묶은 작은 전구를 켰다.

"네 손전등 불빛이 너무 흔들리는구나. 그래, 나는 모스 부호를 알고 있단다. 오래전에 배웠지. 너희 할아버지가 무선 통신을 좋아하셨거든."

"D-I-K-U(Do I Know You : 혹시 나를 알아?)를 모스 부호로 쓰실 수 있어요?"

조지는 조마조마한 심정으로 망치질하는 아빠에게 물었다.

"흠……. 장-단-단……."

아빠가 망치를 죄 없는 못을 향해 겨눈 뒤 모스 부호와 박자를 맞추어 망치질을 했다.

"단-단." 〈탕탕〉

"장-단-장." 〈타앙-탕-타앙〉

"단-단-장." 〈탕-탕-타앙〉

아빠는 망치를 탕 내리치며 마쳤다.

"너 뭐 하는 거니?"

조지가 아빠의 지시대로 손전등 불빛을 움직이는 것을 보고 아빠가 물었다.

조지가 대답했다.

"연습해 보는 거예요. 발전기는 어때요?"

"거의 다 했어."

나무 집에서 곧바로 응답이 왔다.

"단-장. 장-단-단-단."

조지가 그것을 아빠에게 말해 주고 물었다.

"아빠, 이건 무슨 뜻이에요?"

"음. 생각해 보자."

테렌스는 이번에는 못 두 개를 입에 문 채 말했다.

"그건 AB인데…… 캑! 못이 목에 걸렸어!"

조지는 얼른 손을 위로 뻗어서 아빠의 등을 두드려 주었다. 아빠의 입에서 작은 못이 튀어나왔다.

AB. 애니 벨리스(Annie Bellis). 〈SOS〉. 나무 집에서.

메시지는 모두 해독했다.

"아빠, 다 끝났어요?"

조지가 얼른 플래시로 풍력 패널을 비추며 다급히 말했다. 패널이 다시 천천히 움직였다.

"뭐 급한 일 있니?"

아빠가 놀란 목소리로 물었다.

조지가 말했다.

"나무 집에 가서 토성 사진을 찍어야 될 거 같아요. 전기가 돌아오기 전에요."

조지는 그 말을 하면서 열린 창문을 통해 여동생들 방으로 들어갔다. 이어 1층으로 내려가고 뒷문을 지나서 사다리를 타고 나무 집에 올라갔다.

아니나 다를까, 거기 SOS가 기다리고 있었다. 어둠 속에서도 애니의 겁먹은 표정이 보였다.

"지붕에서 뭐 하고 있던 거야?"

애니가 물었고, 조지가 대답했다.

"아빠랑 같이 풍력 발전기를 고쳤어. 아빠가 손가락을 찧었고 다음에는 못을 삼켰어. 그래서 소리를 지른 거야."

"너네 가족 진짜 특이하다."

애니는 두 팔로 무릎을 끌어안고 빈백 의자 안으로 깊숙이 파고들었다.

조지가 말했다.

"다른 사람도 아니고 네가 그런 말을 하다니 놀라운걸. 가짜 아빠 로봇이 있는 사람이 누군데? 호주에서 공짜 비행기로 친척 군단이 날아오는 사람이 누구고?"

애니가 말했다.

"좋아, 네가 이겼어. 우리가 훨씬 특이해. 그리고……."

애니가 말하는 중에 조지의 집에 불이 켜졌다. 이제 조지의 집은 동네에서 유일하게 불빛이 있는 집이 되었다.

"너네 집이 이긴 게 하나 더 있어. 폭스브리지에서 전기가 있는 집은 너네 집뿐인 거 같아."

조지가 물었다.

"그냥 정전인 거겠지?"

"모르겠어! 아빠가 인터넷을 쓰지 말라고 해서 다른 데는 어떤지 알 수가 없어. 아빠는 휴대 전화도 쓰지 말라고 했는데, 하려고 해도 할 수가 없어. 너무 끊겨서."

"그래서 여기 올라와서 모스 부호로 나한테 신호를 보낸 거야?"

조지가 물었고, 애니가 대답했다.

"응. 옛날식 통신을 시도해 본 거야. 에니그마 식인 거지. 설마 조지 네가 그 암호를 해독할 줄은 몰랐는데 이렇게 해독을 하고 찾아오다니!"

조지는 나무 집 밖을 내다보았다. 가로등도 집들도 사무실도 식당도 다 불이 꺼져 있었다. 온 도시가 어둠에 잠겨 있었다. 조지의 집만 빼고.

불이 나가면 어떤 일이 일어날까?

갑자기 불이 전부 나가면 어떻게 될까? 전기가 없어져서 어둠 속에 살아야 하는 삶을 상상할 수 있나? 해가 지면 바로 잠자리에 들어야 한다고 생각해 보라. 북반구의 어떤 지역은 겨울이면 오후 4시에 잠을 자야 한다! 천문학자들은 전기가 없으면 밤하늘을 관찰할 때 빛 공해가 없어서 좋을지도 모르지만, 일상생활은 평소보다 힘들어질 것이다!

전기가 끊길 수 있는 이유
여러 가지 이유로 지구에는 대규모 정전이 일어날 수 있다.
- 테러 또는 전쟁으로 발전소가 망가질 수 있다.
- 지구상의 사람들이 전기를 점점 더 많이 사용해서 전기 공급에 문제가 생길 수 있다.
- 지금도 기상 악화로 인해 시시때때로 수천, 수만 가구에 전기 공급이 끊기는 일이 발생한다.

태양의 중요성
하지만 집을 어둠에 잠기게 하는 것은 지구만이 아니다. 전문가들은 앞으로 몇 년 동안 우주 날씨도 우리의 전기 공급에 영향을 미칠 수 있다고 말한다. 우리는 태양에서 빛을 얻는다. 하지만 태양은 지구 날씨에 혼란을 일으키기도 한다. 코로나 질량 유출(CME)—태양이 태양 물질과 에너지를 대량으로 우주에 던져 버리는 일—이 일어나면 자기 폭풍 또는 복사량이 크게 증가할 수 있고, 그러면 지상의 전기 공급망이나 무선 통신에 혼란이 일어날 수 있다.

CME는 11년을 주기로 찾아오는 태양 극대기—태양 활동이 가장 활발한 때—에 가장 자주 일어난다. 지구는 2013년에서 2014년 사이에 태양 극대기에 들어갔었다.(사상 최저로 약한 극대기로 별다른 피해는 없었다.) 이때는 밤에 북쪽 하늘에 보이는 화려한 색의 빛인 북극광을 보기가 좋다. 북극광은 태양풍의 전자와 광자가 대기 중의 기체와 어울려서 생겨나는 현상이다. 하지만 태양 극대기가 되면 지구의 전기 공급에 문제가 생길 수도 있다.

만약 전기가 끊기면 우리 삶은 어떻게 될까?

빛
인간은 전구가 발명되기 훨씬 오래전부터 지구에 존재했다! 그러므로 우리는 전깃불이 없어도 잘 지낼 것이다. 집을 밝히는 데는 초나 등불을 사용할 수 있다. 현대 기술로 배터리와 태양광 등도 발명되었기 때문에 정전 기간 동안 이런 것을 활용할 수도 있다. 하지만 일단 해가 지고 나면 지금까지 익숙했던 것보다 훨씬 적은 빛 속에 살아야 할 것이다. 그리고 가진 것을 아껴 써야 할 것이다. 정전이 얼마나 오래갈지 모를 때는 더욱 그렇다.

열
많은 사람이 전기로 방한을 한다. 가스보일러 역시 점화는 전기로 하기 때문에 전기가 없으면 보일러를 켤 수 없다. 요리도 전기로 하는 사람이 많다. 그런 사람들은 어떻게 음식을 익힐지 생각해 봐야 한다. 그리고 냉장고가 없다면 아무리 날씨가 추워도 음식을 오랫동안 신선하게 보관하는 일이 쉽지 않을 것이다. 나무 화로와 장작이 있으면 그 앞에 옹기종기 모여 앉아 추위를 물리칠 수 있다. 우리는 옷을 더 많이 껴입어야 하고, 밤이면 일찍 잠자리에 들어야 할 것이다.

물
물이 아예 없어질지도 모른다! 수돗물이 계속 나온다고 해도 그 물은 마실 수 있을 만큼 깨끗하지 않을 것이다. 전기가 없으면 거대한 정수 시설과 하수구 처리장이 중단된다. 그래서 마실 물을 얻으려면 물을 걸러내고 끓여야 할 것이다. 몸을 씻거나 옷을 빨려면 물을 데워야 할 것이다. 기계를 쓸 수 없기 때문에 다 손으로 해야 한다.

놀이
물론 보드 게임 정도는 플래시를 켜고 겨울 코트를 껴입고 나무나 석탄 난로 앞에 모여 앉아서 할 수 있을 것이다. 게임을 하며 난로에 데운 통조림 음식을 먹을 수도 있을 것이다. 하지만 텔레비전을 보거나 컴퓨터 게임을 하지는 못할 것이다. 휴대 전화도 태양광 충전기가 없다면 충전하지 못할 것이다. 유선 전화는 전기와는 다른 선을 이용하기 때문에 전화는 할 수 있을지도 모른다. 그리고 태엽 라디오가 있다면 뉴스를 들을 수 있다.

> 전기가 없다면 지구상 대부분의 사람들은 인생이 크게 달라질 것이다! 전기가 들어오지 않는다면 우리 삶이 어떻게 달라질지 한 번 생각해 보자.

조지가 물었다.

"지금 폭스브리지에서 전기가 있는 집이 우리 집뿐이라는 게 정말이야?"

어느새 다른 집들에도 천천히 불이 켜졌지만 그 빛은 희미했다. 환한 전기 불빛이 아니라 파닥이는 촛불 빛이었다.

조지가 어둠 속에서 애니를 돌아보며 물었다.

"무슨 일일까, 애니? 무슨 일이 벌어지고 있는 거지?"

"몰라. 하지만 기분 나빠. 달에 있던 로봇도 그렇고. 그건 대체 뭐였을까? 누구 로봇인 거야?"

애니가 심각한 표정으로 말했다.

조지가 말했다.

"진짜 위험했어. 그 로봇들은 완전 험악했지. 그런데 정말 이상한 건 그게 나를 노렸던 것 같다는 거야. 로봇이 왜 나를 노리지? 나는 그냥 어린애잖아! 그리고 IAM이 대체 뭐고, 우주에서 무슨 일을 하는 거야?"

애니가 말했다.

"네가 집에 간 다음에 내가 코스모스에서 알아낸 게 있어. 그 말을 해 주려고 온 거야. 우리의 우주 임무 보고가 코스모스 스크린에 떴어. 아빠가 금방 나가셔서 얼마나 다행이었는지! 어쨌건 그 보고서에는 내가 우주에 나간 게 기록돼 있어. 하지만 네 이름 조지 그린비는 나오지 않아. 대신 에릭 벨리스가 우주에 나갔다고 돼 있어."

조지가 말했다.

"내가 너네 아빠 우주복을 입어서 착각한 건가? 내가 처음에 말했던 것처럼."

애니가 말했다.

"그런 것 같아. 그런데 생각해 봐. 코스모스조차 네가 아빠가 아니라는 걸 몰랐어. 그러니까 누가 코스모스 시스템으로 우리를 보고 있었다면, 그 사람도 네가 아니라 아빠가 우주에 나갔다고 생각했을 거야."

조지가 생각에 잠겨서 말했다.

"그러니까 로봇이 나를 겨냥했을 때 실제로는 너네 아빠를 쫓았다는 거지? 이 사실을 아저씨한테 말해야 돼!"

애니가 물었다.

"나도 알아. 하지만 어떻게? 무슨 수로 그 이야기를 전해? 아빠가 어떤 통신 장치도 쓰지 말라고 했는데."

"몇 시간 후면 돌아오실 거라고 하셨잖아. 그러니까 돌아오시면 말씀드리면 되지 않을까?"

하지만 조지의 목소리에는 의심이 담겨 있었다.

"그 사이에 아빠가 미친 'IAM' 로봇에게 잡히지 않는다면."

애니가 우울하게 말했다.

조지가 말했다.

"그 로봇은 지구에 못 올 거야. 달에만 살게 돼 있을 거야. 그러면 너네 아빠를 잡을 순 없지. 아저씨가 우주로 나가지 않는다면……."

애니가 반박했다.

"그건 모르는 일이야! 네 이야기는 근거가 없어! 하지만 애초에 그 로봇들을 달에 가져다 놓은 게 누구인지 궁금해."

조지는 두 뺨을 부풀렸다가 말했다.

"누가 이런 일을 하는 걸까?"

애니가 말했다.

"그리고 아빠한테 알려 주지 않으면 아빠가 어떻게 알겠어? 달에 아빠를 납치하려는 성난 로봇들이 있다는 걸. 그 로봇들은 어떤 천재적 기술자가 조종하는 게 분명해. 그 사람은 온 지구의 컴퓨터 시스템을 망쳐 놓을 만한 사람이야. 아빠를 놓고 생각해 보면, 그게 중요한 힌트가 되지 않을까?"

"맞아!"

조지는 자기도 애니와 같은 생각인데, 왜 둘이 말싸움을 하는 것 같은 느낌이 들까 의아했다.

애니가 단호한 목소리로 말했다.

"우리는 그 사람을 찾아야 해. 그 로봇들의 주인 말이야. 어쩌면 그 사람이 지상의 시스템을 해킹하는 그 사람일지도 몰라. 지금은 아빠한테 IAM을 찾아보라는 말을 전할 수가 없어. 그러니까 이 일은 우리끼리 해야 돼."

그 순간 조지의 집에서 다시 비명 소리가 울렸다. 달이 지붕 위로 두둥실 떠올랐고, 그 하얀 달을 등지고 선 테렌스의 검은 윤곽선이 보였다. 조지는 이제 더 많은 사람들이 늑대인간 이야기를 믿을 거라는 생각이 들었다.

테렌스가 울부짖었다.

"아야! 아야, 아야, 아야!"

그 소동에 쌍둥이들이 깨어나서 조지네 집 안에는 울음소리가 가득 찼다.

애니가 바깥을 내다보았다.

"너네 아빠 왜 저러시는 거야?"

조지가 말했다.

"아마 또 망치에 손가락을 찧은 것 같아. 난 이만 가야겠다."

애니가 말했다.

"내일 보자, 조지. 만나서 계획을 세우자. 얼마나 더 나쁜 일들이 일어날지 모르겠지만. 그런데 알고 싶지도 않아. 안 그래?"

조지는 고개를 끄덕였다. 애니의 말이 옳았다. 에릭이 모든 문제를 해결해 주기를 바라고 가만히 기다릴 수는 없었다. 에릭은 몇 가지 중요한 정보를 모르고 있다. 달에 로봇이 있다는 것, 그것들이 그를 잡으려고 하고, 또 IAM이라는 표시를 달고 있다는 것. 거기다 그 표시는 조지가 우연히 찍은 수수께끼의 우주선 사진 속에도 새겨져 있었다. 무서운 로봇이 자신을 쫓고 있다는 사실을 에릭이 모르고 있다면, 그를 잡는 일이 훨씬 쉬워질 것이다. 조지는 그런 일을 허락할 수 없었다. 어쨌거나 자신이 우주를 살피는 동안에는.

《조지와 풀 수 없는 암호》는 2권에서 계속됩니다!

옮긴이 **고정아**

서울에서 태어나 연세대학교 영문학과를 졸업하고 번역가로 활동하고 있다. 어린이책과 문학작품을 주로 번역하며, 2012년 제6회 유영번역상을 수상했다. 옮긴 책으로는 《머니 트리》, 《클래식 음악의 괴짜들 1, 2》, 《손힐》, 《진짜 친구》, 《전망 좋은 방》, 《내 책상 위의 천사 1, 2》, 《천국의 작은 새》, 《히든 피겨스》, 《로켓 걸스》 등이 있다.

스티븐 호킹의 우주 과학 동화

조지와 풀 수 없는 암호 ❹

초판 1쇄 발행 2018년 9월 28일
초판 3쇄 발행 2022년 6월 30일

지은이 루시 & 스티븐 호킹 | **옮긴이** 고정아

발행인 양원석 | **발행처** (주)알에이치코리아
출판등록 2004년 1월 15일 제2-3726호
주소 08588 서울시 금천구 가산디지털2로 53, 20층(한라시그마밸리)
편집 문의 02-6443-8921 | **도서 문의** 02-6443-8800

ISBN 978-89-255-6458-6 (74840)

홈페이지 www.rhk.co.kr
블로그 blog.naver.com/randomhouse1 | **포스트** post.naver.com/junior_rhk
인스타그램 @junior_rhk | **페이스북** facebook.com/rhk.co.kr

제조자명 (주)알에이치코리아 | 제조국명 대한민국 | 사용연령 8세 이상
※ 종이에 손이 베이거나 모서리에 다치지 않게 주의하세요.
※ 잘못 만들어진 책은 구입하신 곳에서 바꾸어 드립니다.